跨学科

课程建设与实践教学

裘伟东　吴志强◎著

安徽师范大学出版社

ANHUI NORMAL UNIVERSITY PRESS

·芜湖·

图书在版编目(CIP)数据

跨学科:课程建设与实践教学 / 裘伟东,吴志强著. — 芜湖:安徽师范大学出版社,2024.1
ISBN 978-7-5676-6549-1

Ⅰ.①跨… Ⅱ.①裘… ②吴… Ⅲ.①义务教育—课程建设—教学研究 Ⅳ.①G632.3

中国国家版本馆CIP数据核字(2023)第230043号

跨学科:课程建设与实践教学   裘伟东　吴志强◎著

责任编辑:童　睿　　　　　　　　责任校对:祝凤霞
装帧设计:王晴晴　冯君君　　　　责任印制:桑国磊
出版发行:安徽师范大学出版社
　　　　　芜湖市北京中路2号安徽师范大学赭山校区　　邮政编码:241000
网　　　址:http://www.ahnupress.com/
发 行 部:0553-3883578　　　5910327　　　5910310(传真)
印　　刷:苏州市古得堡数码印刷有限公司
版　　次:2024年1月第1版
印　　次:2024年1月第1次印刷
规　　格:787 mm×1092 mm　　　1/16
印　　张:10.75
字　　数:160千字
书　　号:ISBN 978-7-5676-6549-1
定　　价:58.00元

凡发现图书有质量问题,请与我社联系(联系电话:0553-5910315)

前　言

当今世界正经历百年未有之大变局，随着网络新媒体迅速普及，人工智能方兴未艾，人们的生活、学习、工作方式不断变化，不同的价值观相互碰撞，时代对新型人才的呼唤推动着教育改革发展以适应社会的需要。社会问题的繁复性，决定了现今教育改革与人才培养目标不断朝着综合方向发展，更加注重立足于人的素质和能力全面发展的可持续发展价值观。基础教育课程承载着党的教育方针和教育思想，规定了教育目标和教育内容，是国家意志在教育领域的直接体现，是立德树人的基础工程。

为了顺应教育改革发展的新要求，培养有理想、有本领、有担当的时代新人，教育部2017年始对普通高中课程和义务教育课程进行了全面修订。普通高中课程标准（2017年版2020年修订）、义务教育课程标准（2022年版）等基于培养目标，将国家的教育方针细化，明确国家课程要培养学生的核心素养，突出各学科的育人价值。

"跨学科实践"是指打破学科壁垒，整合多学科的观点产生跨学科理解，并运用综合的、多元的手段和方法来解决问题。"跨学科实践"旨在培养学生理解力和综合创造力，是发挥国家课程育人优势，培养学生核心素养的有效途径。因此，义务教育新课标中课程内容新设跨学科主题实践活动，且强调跨学科实践是一种刚性要求。

本书为2023年度安徽省教育信息技术研究立项课题"信息技术赋能跨学科项目式学习的实践研究（立项号：AH2023126）"成果。在编写过程中，笔者认为跨学科要基于课程标准，服务学科特质；要凸显主题统领，优化课程素材；要注重实践育人，探索创新教学。跨学科的课程建设和实践教学不能只追求有趣，更要追求实用和有意义的探索，因此需要各个学科教师相互协调，协同融合，实现多学科解决实际问题。

目　录

第一章

新时代教育背景下跨学科实践活动的内涵

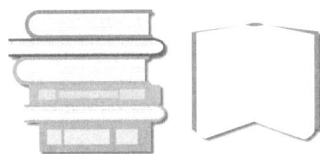

如果你身上唯一的工具是把锤子，那么你会把所有的问题都看成钉子。

——马克·吐温

宇宙之大，粒子之微，火箭之速，化工之巧，地球之变，生物之谜，日用之繁，无处不用数学。

——华罗庚

第一节　跨学科的历史发展

一、隐性自发阶段

在科学发展的早期，由于社会生产力水平和人类认知能力的局限，哲学作为唯一的知识体系涵盖了当时的各种知识，呈现出高度综合性。由于科学尚未分化，因此这种综合更多是对现实世界无能为力的整体把握。15世纪下半叶开始，生产力水平的提高推动了社会分工逐步出现，随着工人在生产过程中日趋专业化，人们也开始从不同角度研究世界。1543年哥白尼《天体运行论》的发表标志着近代自然科学的产生，之后伽利略开创了实验方法与数学方法相结合的研究途径，导致了物理学、化学、生物学和地质学等一系列自然科学学科的出现。科学的分化和学科的独立确立了相同知识领域内分析方法和逻辑体系的一致性，使得知识日趋精细化，研究高度专业化。但人们在以独立知识体系进行深度探索的同时，并未完全受到学科疆界的桎梏。

在科研方面，一些科学家出于自己的研究兴趣和需要，不断进行各种跨学科尝试，并取得了许多突破性成果。这段时期最具代表性的事件有17世纪前半叶解析几何的建立，以及19世纪70年代物理化学的创立。前者是笛卡尔和费尔玛将图形与方程结合起来，体现了几何学和代数学的交叉；后者则始于俄国科学家罗蒙诺索夫在德国进修化学和冶金学时，应用物理方法解决化学问题，之后经由荷兰化学家范霍夫、德国化学家奥斯特瓦尔德和瑞典化学家阿累尼乌斯的进一步发展而最终被创立，是包含化学热力学、化学动力学和电化学三个分支在内的一门新兴独立交叉学科。

科学知识的快速增长反映在教育领域则是推动了大学、中学学科与专业制度的建立。由于大学追求知识的统一性和整体性，因此知识的专门化破坏了大学传统的知识观，越来越多的教育工作者开始反对过细的学科划分，认为其对大学知识整体性的割裂，难以培养出能够独立思考，将不同的知识融会贯通的人。1828年，耶鲁大学发布了著名的耶鲁报告，强调共同学科学习的重要价值而排斥工具化的实用教育。帕卡德教授在此基础上首次将"通识教育"的概念引入大学，以此强调综合课程对学生学习的重要性，认为"它通过提供各种知识的教学为学生之后的专业学习做准备，使得学生能够在学习一种特殊的专业知识之前对知识的整体情况有一个全面的、综合性的了解"，这也成为之后通识教育运动的萌芽。

整体上看，在20世纪初以前，跨学科的发展演进一方面源于个别科学家的研究兴趣，他们通过引入其他学科的理论、方法来解释眼下学科无法解释的问题，进而产生突破性研究成果或一些具有交叉性质的新兴学科；另一方面则来自大学对知识专门化弊端的回应，通过强调综合课程的重要性，使得学校在课程内容组织上的边界逐渐开放。这段时期跨学科是以一种无意识的状态悄然进行，因此可以把这个时期看作跨学科的隐性自发阶段。

二、显性自觉阶段

"跨学科"这一专业术语最早由美国哥伦比亚大学心理学家伍德沃斯于1926年在美国社会科学研究理事会的学会上首次使用，用以表示超过了一个科学范围的研究活动，其最初含义大致相当于"合作研究"。伍德沃斯教授最早使用该词，旨在促进多个学科间的研究。此后学科界限不断被打破，一方面由于科学自身的发展，另一方面也和问题解决的社会需求分不开。从科学自身发展看，20世纪前半叶，随着各种新兴技术的出现，人们对自然界和社会的认识无论是从微观还是从宏观方面，都大大扩展。科学的快速发展带来了不同领域的频繁碰撞，促进了不同学科专家的合作对话。从社会需求来说，特别是为了满足第二次世界大战中的军事需求，美国联邦政府拨款在大学建立各种实验室进行科学研究，如麻省理工学院研发的雷达，芝加哥大学对原子核裂变的控制研究，以及加利福尼亚大学在洛斯阿拉莫斯的秘密行动等，这些任务导向型的研究促使不同领域科学家进行跨学科、跨部门的广泛合作。无论是科学自身发展还是社会需求导向，都对跨学科的发展起了重要的推动作用。此后，跨学科在实践探索与理论建设中不断深入。

二战后美国的快速发展加大了对跨学科研究的需求，跨学科研究因受到政府的大力支持而迅速发展，带来科学界、商业界和军界之间一系列的大规模长期合作，以及大量跨学科工业实验室和跨学科研究机构的成立。随着学术界越来越多的知识分子表现出对打破学科边界活动的兴趣以及政府对大学增加的基金资助，许多大学纷纷创立各种跨学科研究机构。例如，麻省理工学院在聚焦于雷达研发的辐射实验室基础上，又建立了电子实验室等多个跨系、跨学科的实验室和研究中心；斯坦福大学也于1947年成立了该校第一个独立的跨学科研究实验室——汉森应用物理实验室，通过不断满足政府和社会的需求，斯坦福大学在短短20年间跻身全美最顶尖的研究型大学行列。此后大学的跨学科研究逐渐延伸到普遍的跨学科教育以及对跨学科创新人才的关注，促使跨学科实践在美国发挥重要作用。

跨学科的广泛实践引发了学术界对基于非传统学科范式知识活动的理论思考和经验总结，特别是到了20世纪70年代，关于跨学科理论的探讨达到了顶点。1970年9月在法国尼斯大学召开了首届跨学科问题国际学术讨论会，该会议对跨学科问题做了系统、全面的探讨。会后出版的文集 *Interdisciplinarity：Problems of Teaching and Research in Universities* 被称为"关于跨学科的重要文献"，书中记载的跨学科观点和理论极具代表性，为后来跨学科发展奠定了坚实的理论基础。此后另一本重要著作 *Interdisciplinarity and HigherEducation* 出版，该书主要就跨学科定义、跨学科方法、跨学科设计与管理，以及跨学科教育进行了系统的讨论。随着跨学科的蓬勃发展，跨学科理论不断深化。1990年，一直研究跨学科问题的克莱恩教授出版了跨学科专著 *Interdisciplinarity: history, theory, and practice*，标志着跨学科理论开始进入一个系统、全面发展的新时期。

综合来看，20世纪20年代后可以看作跨学科发展的显性自觉阶段。在这个阶段，跨学科逐渐成为一个专门的研究对象，并聚焦于以下几方面问题：首先是跨学科科研，主要提倡进行多个学科之间的合作研究，以促进科研成果的产出；其次聚焦于跨学科理论建设，主要围绕跨学科的概念、层次、分类、形成机制、科学地位等进行探讨；最后是跨学科教育，主要强调培养能适应日益复杂化与多元化社会的复合型人才。

第二节　跨学科的概念辨析

一、多学科

多学科活动早已有之，随着科学发展带来知识的快速增长，不管是在科研领域还是教育领域都开始逐渐在一门学科的研究或学习中引入另一门学科，以推动实践活动的全面综合性发展。此后，"多学科"作为一个专门的概念引起人们广泛关注。首届跨学科问题国际学术研讨会在讨论学科间关系时，将"多学科"界定为"不同学科的并置，有时它们之间并没有明显的联系，例如音乐、数学和历史"。一直研究跨学科问题的克莱恩教授采纳了以上观点并进行了扩展，认为"多学科研究将不同的学科并置，主要是扩大了研究范围，增加了研究中的知识、信息与方法，但学科专业之间仍然相互独立，是一种百科全书式而非综合式，其中学科的地位不受影响"。可见，多学科的价值主要在于其方法论层面对实践的指导意义，强调的是一种运用多元视角的方法。尤瓦娜·林肯等人曾经说过，视角是一个更有用的概念，它意味着远远地观察一个特别的焦点，我们从哪里看影响着我们看到什么。这表示任何观察的焦点都只能体现部分的结果，没有一个学科能够为我们提供全貌。而多学科使我们能运用多元化的视角更加全面地认识复杂事物的整体，不同学科视角之间可能没有明确的关系，却使我们能从扩大的范围内更加全面地聚焦于实践活动，有利于从不同层面对问题进行深刻解读。然而多学科的方法在使得我们对世界的认识由"孤独主义"向"开放体系"转向的同时，也为问题解决的具体实践制造了障碍。这是因为这种基于多学科认识下的深刻解读是不同学科分别以各自的知识体系为出发点，将问题视为自己知识体系的一个下位分支领域，因此多学科在增加对问题认识视角的同时，也由于不同学科领域间固有的藩篱而难以实现彼此间的协调，加大了综合不同视角解决问题的难度。多学科在整合视角解决问题上的缺陷使得人们开始关注学科的整合，于是跨学科开始走入人们视野。

二、跨学科

"跨学科"一词自首次被提出，便引起了人们的持续性关注。在首届跨学科问题国际学术讨论会上，跨学科被界定为："两门或大于两门不同学科之间相互作用的一种形容词性的描述。"这种相互作用可能从简单的观点交流到在一个相当大的领域内组织概念、方法论、规程、认识论、术语、数据、研究和教学组织之间的相互融合。一个跨学科团队中的人在不同知识（学科）领域内获得训练，使其具有不同的概念、方法、数据和术语在一个共同的问题上被组织到一起，来自不同学科的参与者之间可以持续地进行相互沟通。国外研究者多将其看作"不同科学门类之间、科学和工程之间、自然科学和社会科学之间的多种合作形式"。从跨学科发展过程可知,其形容词性的表述为之后的连接词提供了无限可能,并具有从理论与实践上进一步延伸的潜力。而名词性表述则更强调将其本身作为研究对象,两者具有不同的侧重点和使用情境,但无论词性如何表述,其核心思想都是强调学科间的整合互融。

三、超学科

20世纪70年代关于跨学科理论的探讨达到顶点,很多学者从不同视角对跨学科进行了界定。其中,奥地利学者詹奇教授将跨学科与当代社会的创新改革密切联系起来,认为大学、企业、政府要在更大的社会范围内进行创新。结合当时盛行的一般系统论,詹奇教授建议采用系统论来研究组织。基于此,他将教育或创新组织看作一个金字塔形的四层次系统,由上到下分别为:目的层次、规范层次、实用层次、经验层次。詹奇认为,对于每一组相邻的层次而言,上一层次都赋予了下一层次以目的性意义,而跨学科就是在相邻的高层次目的指导下,低层次中不同学科间的协调。此外,他首次提出了"超学科"的概念,认为"超学科"是"在一个普遍的公理和新兴认识论模式的基础上,教育或创新系统中所有学科和跨学科的协调"。这里的普遍公理是通过多个层次目的的协调,最终得出的适用于整个系统的共同目标,该共同目标可更好地协调整个系统以适应不断变化的外界情况。

1994年,吉本斯等人提出著名的"第二种知识生产模式"。与第一种知识生产模式相比,第二种知识生产模式强调知识的应用背景及不同利益相关者的对话交流。由于其强调问题导向的实际应用背景,以及多种因素影响下的折中与协调,与超学科中以共同目标来协调整个系统的理念不谋而合,因此许多研究者在超学科的研究中引入第二种知识生产模式。知识生产模式的演进进一步推动了超学科的发展。有学者对超学科研究进行了文献综述后提出,当有关社会问题领域的知识不确定时，当问题的具体性质有争议时，当有大量关注问题的利益相关者介入以及与之打交道时，就需要超学科。可见，经过不断发展演进，今天的超学科主要强调学科和非学科观点进行整合，以协调多方利益，达到问题的解决。

具体来说，超学科具有以下特点：一是问题的开放性与公共性。如果说单一学科旨在解决单一学科领域内的学术问题，多学科旨在对某一问题进行多学科视角的全方位解读，跨学科则是整合多学科的理论和方法，以解决问题。而超学科常常是一些与人有关的重大公共性问题，如伦理问题、可持续发展问题等，因此需要突破学科界限，将学科观点与非学科观点、智力因素与非智力因素整合起来综合考虑。二是主体的多元性。传统的基于决策者的问题解决思路常常是很多社会矛盾的根源，超学科视角下的问题强调要听取各方主体意见，通过大学、企业、政府、个人以及其他社会组织的共同参与来克服片面观点，在综合考虑各方观点和利益的情况下，实现问题的最优解决。这不仅需要建立主体间的对话机制，更重要的是建立起基于最高利益价值观的共同愿景，以协调不同的利益冲突，实现合作最优化。三是知识流动的广泛性。以广义的知识观来看，超学科涉及的知识既有学科知识又有非学科知识，既源于科学知识体系内部又来自外界的经验世界。这决定了知识持有者既涉及学术界又涉及非学术界，既围绕组织建构又围绕个人，因此超学科问题的解决过程也是不同知识在不同领域、不同层次的流动过程。知识在流动中经过不断反馈与演进，最终形成一个整合的视角。

对比多学科、跨学科与超学科，多学科强调的是涉及不同学科的活动，是不同学科视角下对问题或实践活动的深刻解读，在这个层面上跨学科与之相似。但是，在这些不同学科不同视角的关系问题上，多学科没有明确说明，学科间可以无关联，而跨学科则在多学科的基础上更进一步，克服了不同学科间固有的割裂，强调学科间的整合共融。因此，多学科与跨学科具有完全不同的层次与内涵，跨学科在整合不同学科观点解决问题方面的突出优势推动了多学科到跨学科的转向。超学科是跨学科的延伸发展，整体来看，与局限于学科知识体系内部的跨学科相比，超学科在整合对象与运行范围上均超越了跨学科，因此也可以将其认为是跨学科发展的更高层次。

四、跨学科实践

跨学科实践是从跨学科发展中延伸出来的。"跨学科"从提出到不断发展，再到广泛应用，受到许多学者关注。1980年，跨学科学研究国际联盟成立，标志着跨学科研究走向正规化。21世纪以后，跨学科学研究进入了一个系统全面发展的新时期，《实践中的跨学科学》出版，标志着跨学科研究深入实践的务实潮流，跨学科实践逐渐凸显出来。2013年，美国《新一代K-12科学教育标准》的颁布，倡导综合和重视实践成为科学教育的改革方向。《K-12科学教育框架：实践、跨领域概念和核心概念》中将"实践"纳入课程内容，成为课程的三个维度之一，强调以实践为途径建构并深化对核心概念、跨领域概念的理解。张炜和高静从跨学科教育与研究、运行机制、资助与资源分配机制、专业社会网络和评价机制上对美国与欧洲高校跨学科实践特征进行总结与比较分析。欧美高校对"跨学科实践"有了较为全面深入的研究，对我国高校落实跨学科实践有一定的指导意义，同时也对我国跨学科实践的相关研究有重要借鉴意义。

国内学者虽然逐渐开始关注跨学科的研究，但更多的是停留在理论层面，跨学科的实践研究较少，因此研究的针对性、深入性不够。国内学者对跨学科实践研究更多是聚焦于跨学科教育，并从高等教育逐渐向中等教育与义务教育过渡。骆波认为，跨学科实践活动与日常生活、工程实践及社会热点问题密切相关，是发展学生核心素养的重要途径之一。综上所述，跨学科实践是基于学生的自主探索和研究，面向学生的生活世界和社会现实，运用两个或两个以上学科知识与方法开展实践活动，以培养学生综合思维、解决实际问题的实践能力为基本价值追求的新型学习方式。

第三节　新时代教育呼唤跨学科实践

一、信息时代呼唤教育的深层次变革

信息时代即信息通信技术得到广泛应用和普及的时代。由于人会制造和使用工具，一种新工具的使用必然影响时代精神的变迁。对信息时代所创造的新文明——信息文明，人们既不能忽视，也不可夸大，还不能误用。任何技术都是"双刃剑"，如果被误用，技术越先进则其负面作用越大。

时代精神铸造教育精神。知识本位、创新驱动、全球化等"21世纪"特征或精神，必然带来教育目的、内容和过程的深层变革。"知识本位"让教师和学生的观念登场，"创新驱动"让教育植根于创造之上，"全球化"呼唤学生学会复杂交往。网络新媒体迅速普及，使人们的生活、学习、工作方式不断变化，不同的价值观相互碰撞，人们的生活环境日益复杂，时代对新型人才的呼唤推动着教育改革发展以适应社会的需要。社会问题的繁复性，决定了现今教育改革与人才培养不断朝着综合方向发展，更加注重立足于人的素质和能力全面发展的可持续发展价值观。

二、核心素养呼唤跨学科实践

进入21世纪以后，信息通信技术的迅猛发展和广泛运用使人类社会快速迈入信息时代，与20世纪的工业时代形成了鲜明对比。随着现代社会变革的速度加快，职业流动性不断提高，社会个体原有的专业身份逐渐淡化,同时综合性、跨学科的知识和技能,综合素质和创造能力显得愈发重要。信息时代经济新模式和职业新形态、社会生活的新特点和个人自我实现的新需求对传统工业时代的教育提出了挑战,核心素养的概念应运而生。当前,经济合作与发展组织(OECD)、欧盟(EU)、联合国教科文组织(UNESCO)等多个国际组织及美国、新加坡等国家都制定了核心素养框架,界定了核心素养。

张华教授在对这些框架进行对比分析后提出,核心素养是人适应信息时代和知识社会的需要,是解决复杂问题和适应不可预测情境的高级能力与人性能力。它具有跨领域性,也就是既有超越学科边界的跨学科性,又有应用于不同情境的可迁移性,还有连接学科知识与生活世界(真实情境)的可连接性。而"核心素养区别于应试学力的最大特质就在于真实性,真实性是核心素养的精髓",即核心素养的核心是真实性。何谓真实性?真实性指的是"超越学校价值"的知识成果,也就是解决真实问题的能力。这里的问题不是指局限在学校范围内的问题,而是指向真实世界的问题。正如戴维·乔纳森所言,教育唯一合法的目的就是问题解决。威金斯也指出,学校教育的目标是使学生在真实世界能得心应手地生活。当前提倡深度学习的内核也是解决真实问题。迈克尔·富兰提出,新教育学(深度学习)的目标是使学生获得成为一个具有创造力的、与人关联的、参与合作的终身问题解决者的能力和倾向。

第二章

义务教育阶段跨学科实践的定位与解读

一个善于超越的人，往往是那些善于跨越的人。跨越学科，跨越时间，跨越国界。

——李燕杰

真正的教育融合了智力教育以及美和善的教育。其中，善的教育尤为重要。

——海伦·凯勒

第一节 义务教育阶段对跨学科实践的要求

《义务教育课程方案和课程标准（2022 年版）》主要变化之一是优化了课程内容结构，即基于核心素养要求，遴选重要观念、主题内容和基础知识技能，精选和设计课程内容，优化组织形式。涉及同一内容主题的不同学科，需根据各自的性质和育人价值，做好整体规划与分工协调。设立跨学科主题学习活动，加强学科间相互关联，带动课程综合化实施，强化实践要求。义务教育课程应遵循基本原则之一是加强课程综合，注重关联，加强课程内容与学生经验、社会生活的联系，强化学科内知识整合，统筹设计综合课程和跨学科主题学习。同时，加强综合课程建设，完善综合课程科目设置，注重培养学生在真实情境中综合运用知识解决问题的能力。

开展跨学科主题教学，强化课程协同育人功能。在课程标准编制方面基于核心素养培养要求，明确课程内容选什么、选多少，注重与学生经验、社会生活的关联，加强课程内容的内在联系，突出课程内容结构化，探索主题、项目、任务等内容组织方式。原则上，各门课程应安排不少于 10% 的课时设计跨学科主题学习。科学规划课程实施，统筹各门课程跨学科主题学习与综合实践活动安排。

《义务教育课程方案和课程标准（2022 年版）》三项改革重点都明确了对跨学科实践的要求。

一是强调素养导向，注重培育学生终身发展和适应社会发展所需要的核心素养，特别是真实情境中解决问题的能力。基于核心素养确立课程目标，遴选课程内容，研制学业质量标准，推进考试评价改革。跨学科实践是一种以解决真实问题为核心的深度学习方式，运用学科观念与跨学科观念，解决真实问题，不断发展每一个学生自己的学科理解力与生活理解力,并在此过程中掌握知识与技能,提升学生的核心素养。

二是优化课程内容组织形式,要跳出学科知识罗列的窠臼,按照学生学习逻辑组织呈现课程内容,加强与学生经验、现实生活、社会实践的联系,通过主题、项目、任务等形式整合课程内容,突出主干、去除冗余。即要求立足生活与实践,开展基于主题的项目式跨学科学习活动,从学生的创新精神、实践能力和社会责任感等跨学科素养出发,面向学生的生活世界,综合运用一切学科知识展开探究、体验与实践。

三是突出实践育人,强化课程与生产劳动、社会实践的结合,强调知行合一,倡导做中学、用中学、创中学。注重引导学生参与学科探究活动,开展跨学科实践,使学生经历发现问题、解决问题、建构知识、运用知识的过程,让认识基于实践,通过实践得到提升,克服认识与实践"两张皮"现象。

第二节　各学科对跨学科实践的定位与解读

一、语文课程

义务教育语文课程按照内容整合程度不断提升,分三个层面设置学习任务群,其中第一层设"语言文字积累与梳理"1个基础型学习任务群,第二层设"实用性阅读与交流""文学阅读与创意表达""思辨性阅读与表达"3个发展型学习任务群,第三层设"整本书阅读""跨学科学习"2个拓展型学习任务群。根据学段特点,学习任务群安排有所侧重。

"跨学科学习"学习任务群旨在引导学生在语文实践活动中，连结课堂内外、学校内外，拓宽语文学习和运用领域；围绕学科学习、社会生活中有意义的话题，开展阅读、梳理、探究、交流等活动，在综合运用多学科知识发现问题、分析问题、解决问题的过程中，提高语言文字运用能力。

（一）学习内容

1.第一学段（1～2年级）

（1）围绕爱图书、爱文具、爱学习等主题，走进图书馆、阅览室、书店、文具店，在借用、购买、整理图书和文具的过程中，学习识字、说话、计算、设计、美化，学习与他人沟通、交流，养成爱书、爱文具的好习惯。

（2）在班级、学校或家里养护一种绿植或者小动物。综合运用语文、科学、数学等多学科知识，学做日常观察和记录。

（3）参与学校、社区举办的节日和风俗活动，留意身边的传统节日、风俗习惯等文化现象，感受和学习生活中的中华优秀传统文化。

2.第二学段（3～4年级）

（1）尝试运用科学、艺术、信息科技等相关知识和技能，富有创意地设计并主动参与朗诵会、故事会、戏剧节等校园活动。

（2）参观非物质文化遗产，了解非物质文化遗产；关注传统节日节气、民俗风情、民间工艺、历史和传说等；探寻日常生活中龙与凤、松竹梅兰等中华文化意象。积极参加学校、社区举办的文化主题活动，在活动中学习语文，获得多样的文化体验。

（3）选择自己发现和关心的日常语言、行为、校园卫生、交通安全、家庭教育等方面的问题进行调查研讨，尝试写出简单的研究报告，与同学交流。

3.第三学段（5～6年级）

（1）积极参加校园文化社团，参与学校和社区举办的戏曲、书法、篆刻、绘画、刺绣、泥塑、民乐等相关文化活动，体验、感知、传承中华优秀传统文化,运用多种形式分享自己的经验与感受。

(2)综合运用语文、道德与法治、科学、劳动等多方面的知识和技能,通过小组研讨,集体策划、设计参观考察活动方案,运用跨媒介形式分享研学成果。

(3)选取衣食住行、学校、地球、太空等某个方面,设计人工智能时代的未来生活,运用多样形式丰富自己的语言表达,呈现与分享奇思妙想。

4.第四学段(7~9年级)

(1)结合数学、物理、化学、生物学等学科知识,或者自己参与的科技活动,学习撰写并分享观察、实验研究报告。

(2)在心理健康、身体素质等方面,选择师生共同关心的问题,组织小课题组,开展校园调查,学习设计问卷、访谈、统计、分析,撰写并发布调查报告。

(3)在环境、安全、人口、资源、公共卫生等方面,选择感兴趣的社会热点问题,查找和阅读相关资料,记录重要内容,列出发言提纲,参加班级讨论。

(4)围绕仁爱诚信、天下为公、和谐包容、精忠报国、英勇奋斗、自强不息、明礼守法,以及科学理性、艺术精神等,选择专题,组建小组,开展学习与研究,运用多种形式分享学习与研究成果。

(5)组建文学艺术社团,开展相关文化活动,参与社区文化活动与文化建设;在参与过程中写出策划方案,制作海报,记录活动过程,运用多种媒介发布学习成果。

(二)教学提示

(1)充分发挥跨学科学习的整体育人优势,增强跨学科学习的计划性和目标意识。根据不同学段学生生活的范围、学习兴趣和能力,精心选择学习主题和内容,组织、策划多样的学习活动。考虑每学期的课时安排,把握活动周期和难度。第一至第三学段以观察、记录、参观、体验为主,第四学段以设计、参与、调研、展示为主。

（2）要引导学生在广阔的学习和生活情境中学语文、用语文，提高交流沟通、团队协作和实践创新能力。注意引导学生掌握问题探究的基本步骤和方法，学会提炼、表达、呈现学习成果，着重培养学生综合运用多学科知识解决实际问题的能力。

（3）要拓展学习资源，增强跨学科学习的综合性和开放性。充分利用图书馆、互联网、社区生活场景、文化场馆等，为学生开展跨学科学习提供必要的支持；也可以结合学校和社区开展的文化活动进行语文跨学科学习。

（4）评价主要以学生在各类探究活动中的表现，以及活动过程中完成的方案、调研报告、视频资料等学习成果为依据。教师可以针对主要学习环节和内容制订评价量表，邀请相关学科教师、家长、社会人士参与评价。评价要关注学生综合运用多学科知识思考问题、解决问题的态度和能力。评价以鼓励为主，既充分肯定学生的发现和创造，又引导学生自我反思提升，不断提高跨学科学习的质量。

二、数学课程

义务教育阶段数学课程内容由数与代数、图形与几何、统计与概率、综合与实践四个学习领域组成。

数与代数、图形与几何、统计与概率以数学核心内容和基本思想为主线循序渐进，每个学段的主题有所不同。综合与实践以培养学生综合运用所学知识和方法解决实际问题的能力为目标。根据不同学段学生特点，以跨学科主题学习为主，适当采用主题式学习和项目式学习的方式，设计情境真实、较为复杂的问题，引导学生综合运用数学学科和跨学科的知识与方法解决问题。

根据学段目标的要求，四个学习领域的内容按学段逐步递进，不同学段主题有所不同，具体安排如表2-1所示。

表2-1　各学段领域的主题

领域	学段			
一	第一学段 （1～2年级）	第二学段 （3～4年级）	第三学段 （5～6年级）	第四学段 （7～9年级）
数与代数	数与运算 数量关系	数与运算 数量关系	数与运算 数量关系	数与式 椭圆与不等式 函数
图形与几何	图形的认识与测量	图形的认识与测量 图形的位置	图形的认识与测量 图形的位置	图形的性质 图形的变化 图形与坐标
统计与概率	数据分类	数据的收集、整理 与表达	数据的收集、整理与表达 随机现象发生的可能性	抽样与数据分析 随机事件的概率
综合与实践	重在解决实际问题，以跨学科主题学习为主，主要包括主题活动和项目式学习等。第一、第二、第三学段主要采用主题式学习，将知识内容融入主题活动中；第四学段可采用项目式学习			

　　综合与实践是小学数学学习的重要领域。学生将在实际情境和真实问题中，运用数学和其他学科的知识与方法，经历发现问题、提出问题、分析问题、解决问题的过程，感悟数学知识之间、数学与其他学科知识之间、数学与科学技术和社会生活之间的联系，积累活动经验，感悟思想方法，形成和发展模型意识、创新意识，提高解决实际问题的能力，形成和发展核心素养。综合与实践主要包括主题活动和项目学习等。第一、第二、第三学段主要采用主题式学习，第三学段可适当采用项目式学习。

　　主题式学习分为两类：第一类，融入数学知识的主题活动，在这类活动中学生将学习和理解数学知识，感悟知识的意义，主要涉及量、方向与位置、负数等知识。第二类，运用数学知识及其他学科知识的主题活动，在这类活动中学生将综合运用数学知识解决问题，体会数学知识的价值，以及数学与其他学科的关联。在主题式学习中，学生将面对现实的背景，从数学的角度发现并提出问题，综合运用数学和其他学科的知识与方法，分析并解决问题。

　　项目式学习的设计以解决现实问题为重点，综合应用数学和其他学科知识解决问题，体会数学知识的价值，以及数学与其他学科的关联。

在下面三个学段的表述中，为了便于理解，分别列举了主题活动和项目学习的名称及具体活动内容，仅供参考。在教材编写或教学设计时，可以使用不同的主题名称，设计不同的活动内容，但要关注主题内容的选取和学生的接受能力，达到主题活动的内容要求和学业要求。

（一）第一学段（1~2年级）

1. 内容要求

第一学段综合与实践的主题活动，涉及"认识货币单位，认识时间单位时、分、秒，认识东、南、西、北四个方向"等知识的学习，关注幼小衔接，帮助学生积累数学活动经验。

主题活动1：数学游戏分享。在具体情境中，回顾自己在学前阶段经历的与数学学习相关的活动，唤起数学学习感性认识和学习经验，激发进一步学习数学的兴趣，尝试运用与数学学习相关的词语，逐步养成学习数学的良好习惯。

主题活动2：欢乐购物街。在实际情境中认识人民币，能进行简单的单位换算，了解货币的意义，产生勤俭节约的意识，形成初步的金融素养。

主题活动3：时间在哪里。在生活情境中认识时、分、秒，结合生活经验体会并述说时间的长短，了解时间的意义，懂得遵守时间。

主题活动3：我的教室。在日常生活情境中，会用上、下、左、右、前、后描述物体的相对位置，认识东、南、西、北四个方向，形成初步的空间观念。

主题活动5：身体上的尺子。运用学过的测量长度的知识，发现自己身体上的一些"长度"；利用这些"长度"作为单位，测量空间或其他物体，积累测量经验，发展量感。

主题活动6：数学连环画。结合自己的生活，运用学过的数学知识记录自己的经历，或述说一个含有数学知识的小故事，表达对数量关系的理解，感受数学知识与现实生活的联系。

2.学业要求

能够积极参与活动，在活动中主动表达，并与他人交流，加深对数学知识的理解，感悟数学知识与现实生活的联系，发展对数学的好奇心，提升学习数学的兴趣，初步获得一些数学活动经验。

（1）数学游戏分享。能比较清晰地描述幼儿园和学前生活中的数学活动内容，比较准确地表达自己对数、数量、图形、方位等数学知识的理解，能说明或演示自己玩过的数学游戏内容和规则，在教师的协助下能带领同伴一起玩这些数学游戏。

（2）欢乐购物街。积极投入模拟购物活动，能清晰表达和交流信息，认识元、角、分，知道元、角、分之间的关系；会在真实或模拟的情境中合理使用人民币；在教师的指导下能够反思并述说购物的过程，积累使用货币的经验；形成对货币多少的量感和初步的金融素养。

（3）时间在哪里。认识时、分、秒，能说出钟表上的时间，了解时、分、秒之间的关系，能结合生活经验体会时间的长短；能将生活中的事件与时间建立联系，感悟时间与过程之间的关系，形成对时间长短的时感，懂得遵守时间的重要性。

（4）我的教室。会用上、下、左、右、前、后描述现实生活中物体的相对位置，会用东、南、西、北描述物体所在的方向；给定东、南、西、北四个方向中的一个方向，能辨别其余三个方向；了解物体间位置、方向的相对性，形成初步的空间观念。

（5）身体上的尺子。能运用测量长度的知识，了解身体上的一些"长度"；能用身体上这些"长度"测量教室以及身边某些物体的长度；能记录测量的结果，与他人交流、分享测量的经验，发展量感。

（6）数学连环画。能简单整理学过的数学知识，思考如何运用数学知识记录自己的经历；能结合生活经验或者通过查阅资料，编写含有数学知识的小故事；能用自己的语言表达数学连环画中数学知识的意义及蕴含的数量关系，能理解他人数学连环画中的数学信息及关系，学会数学化的表达与交流。

3.教学提示

为使学生更好地完成从幼儿园阶段到小学阶段的过渡，在学生入学的第1~2周安排"数学游戏分享"主题活动。学生通过介绍自己幼儿园生活中经历的数学活动，表达自己在幼儿园数学活动中的收获，分享在幼儿园玩过的数学游戏，邀请同伴一起做这些数学游戏等，衔接幼儿园与小学生活，顺利开始小学数学的学习。

本学段的综合与实践，涉及货币、时间等常见量的认识，以及方向、位置的学习。应当在具体活动中，引导学生知道货币价值、了解时间意义、辨别方向和位置，丰富对量的体验，形成初步的量感和空间观念，初步积累数学活动经验。

作为综合与实践活动，教学目标除了包含对常见量的数学知识要求，还要关注学生活动经验的获得和情感态度的发展。例如，"欢乐购物街"，不能将教学目标仅聚焦在"认识人民币，能进行简单的单位换算"，还应考虑"积极投入模拟购物活动，能清晰表达和交流信息""会在真实或模拟的情境中合理使用人民币""能够反思并述说购物的过程""形成对货币多少的量感和初步的金融素养"等主题活动的教学目标。

主题活动的设计提倡多学时的课程学习，可以根据实际情况灵活设计活动内容和形式，有助于学生加深对知识的理解，积累基本活动经验。例如，欢乐购物街可以设计4学时完成：第1学时回顾生活经验，认识人民币；第2~3学时筹备、开展购物活动，可以与学校"数学节"或其他学科的教学活动整合；第4学时反思、评价购物活动的收获，积累反思与交流的经验，拓展金融知识。

主题活动的实施要有利于学生的参与和体验。指导应面向全体学生，并全程跟进，同时关注学生的参与情况，包括获得什么样的体验，如何与他人交流，需要怎样的帮助等；指导学生反思与交流活动，引导学生描述感受、总结发现。

主题活动的评价是综合与实践的重要组成部分，应当关注过程性评价,对照主题活动的教学目标确定评价方式,不仅要关注学生对教学内容的掌握情况,还要关注学生参与活动的程度。例如,"欢乐购物街",活动之前要了解学生已有的购物经验,确定学生的课前知识基础和经验。第1学时,评价学生认识人民币的情况;第2~3学时,设计学生自评工具,指导学生关注自身的活动过程;第4学时,可组织学生进行反思、互评。

主题活动内容的确立可参照以上案例,依据本学段数学知识的内涵、在生活中的应用,以及与其他学科知识的关联,自主设计形式多样、富有趣味的活动,如纸的厚度、神奇的七巧板、最喜欢的故事书等,帮助学生加深对数学知识的理解,体会数学与现实生活的联系。

(二)第二学段(3~4年级)

1.内容要求

第二学段综合与实践的主题活动,涉及"认识年、月、日,认识常用的质量单位,认识方向"等数学知识的学习,在活动中综合运用数学和其他学科知识解决问题。

主题活动1:年、月、日的秘密。知道24时计时法,认识年、月、日,知道它们之间的关系;能运用年、月、日的知识解释生活中的问题,提高初步的应用意识。了解中国古代如何认识一年四季,了解中华优秀传统文化。

主题活动2:"曹冲称象"的故事。以"曹冲称象"故事为依托,结合现实素材,感受并认识克、千克、吨,以及它们之间的关系,感受等量的等量相等,发展量感和推理意识,积累数学活动经验。

主题活动3:寻找"宝藏"。在生活情境中,认识东北、西北、东南、西南四个方向,了解"几点钟方向",会描绘物体所在的方向,发展空间观念。

主题活动4:度量衡的故事。知道中国在秦朝统一了度量衡,指导学生查阅资料,理解度量衡的意义,知道最初的度量方法都是借助日常用品,加深对量和计量单位的理解,丰富并发展量感。

2.学业要求

能够积极参与活动，在活动中能独立思考问题，主动与他人交流，加深对数学知识以及数学与其他学科关联的理解；经历解决简单实际问题的过程，提高应用意识，积累数学活动经验，感悟数学的价值。

（1）通过年、月、日的秘密知道24时计时法与钟表上刻度的关系，能用24时计时法表示时间；知道年、月、日之间的关系，以及相关的简单历法知识；知道一年四季的重要性，了解中国古代是如何通过土圭之法确定一年四季的，培养家国情怀。

（2）通过"曹冲称象"的故事，形成问题意识。能结合现实素材，感受并认识克、千克、吨，能进行简单的单位换算；理解"曹冲称象"的基本原理是等量的等量相等，能针对具体问题与他人合作制订称重的实践方案，并能在执行方案的过程中不断反思，丰富度量的活动经验。

（3）通过寻找"宝藏"的途径在认识东、南、西、北的基础上，能在平面图上认识东北、西北、东南、西南四个方向；能描绘图上物体所在的方向，判断不同物体所在的方向，以及这些方向之间的关联；能把这样的认识拓展到现实场景中，在简单的实际情境中正确判断方位；进一步理解物体的空间方位及物体之间的位置关系，发展空间观念。了解用"几点钟方向"描述方向的方法及其主要用途，能在现实场景中尝试以站立点为正中心（圆心），以钟表盘12个小时的点位来说明方向。能尝试设计符合要求的藏宝图，能从他人的藏宝图中发现、提取信息并解决问题，提高推理意识。

（4）通过度量衡的故事学会查找资料，理解度量衡的意义，提升学习的意识与能力；了解最初的度量方法都是借助日常用品，理解度量的本质就是表达量的多少，知道计量单位是人为规定的；了解计量单位的发展历史，知道科学发展与度量衡精确的关系；在教师指导下，能对不同的量进行分类、整理、比较，丰富并发展量感。

3.教学提示

第一学段的主题活动，侧重认识日常生活中最常见的量，例如元、角、分等人民币的量，时、分、秒等时间的量，以及认识东、南、西、北四个方向。第二学段的主题活动，不仅要让学生认识度、量、衡等更为广泛的量，认识年、月、日等更为深入的时间概念，认识八方，还要引导学生尝试用学过的知识解决应用性的数学问题和简单的实际问题，体会数学的价值，提升应用意识；引导学生查阅相关资料，知道中国古代那些与量有关的概念的由来，培养家国情怀，积累学习经验。

主题活动的设计可以考虑问题引领的形式。例如，"曹冲称象"的故事可以从故事引入，引发学生的好奇心和探究的欲望，在理解质量单位的基础上，思考如何运用"总量等于各分量之和"称出一个庞然大物的质量，感知"等量的等量相等"这一基本事实，感悟如何用数学的思维思考现实世界。

与第一学段相同，第二学段也可以设计长程活动，引导学生主动参与、查阅资料、深入思考、得出结论，经历探求解决问题策略的过程，丰富数学学习的经验。例如，"曹冲称象"的故事可设计5学时完成：第1~2学时，可以联系学生对物体质量的感觉，帮助学生在体验活动中理解质量单位的意义，了解一些测量物体质量的工具；第3~4学时，可以从"曹冲称象"的故事入手，让学生经历测量物体质量的过程，提出如何测量庞然大物质量的问题，鼓励学生探究度量的策略，培养学生的想象力；第5学时，鼓励学生回顾与反思主题活动的过程，分析度量策略的数学原理，感悟两个基本事实，以及如何基于这两个基本事实思考现实世界。

主题活动的评价。在第一学段强调关注过程性评价的基础上，还可以增加关注创新性评价。需要注意的是，只要策略和方法是学生独立或小组讨论得到的，对于学生而言，这样的策略和方法就是创新，就应当予以鼓励。要引导学生经历克服困难获得成功的过程，鼓励学生个体和小组在解决问题的过程中提出独特的策略和方法，激发创造的热情，形成创新意识。

活动实施的保障。对于一些复杂的操作性活动，需要认真准备活动实施所需要的设施，如"曹冲称象"的故事，需要提前收集与质量相关的素材，作为学生探究的补充资源，需要准备不同的测量工具，让学生感悟其中的共性和差异，需要了解学生称重实践可能需要的物品（如设计缩小版的"称象学具"），等等。

第二学段的主题活动涉及综合性、实践性较强的跨学科内容，需要多学科教师协同教学，统筹设计与实施。

与第一学段相同，第二学段也可以自行设计主题活动的内容，但要指向综合数学知识、融合其他学科知识的实际情境和真实问题，设计具有操作性的活动。例如，制订旅游计划、数数你有多少根头发、关注学校中的数学等，引导学生感受数学与其他学科的联系，以及在解决实际问题中的作用，提高应用意识。

（三）第三学段（5~6年级）

1.内容要求

第三学段综合与实践包括主题活动和项目学习，涉及"了解负数"等数学知识的学习，在活动中综合运用数学及其他学科知识解决问题，提高应用能力。

主题活动1：如何表达具有相反意义的量。在熟悉的情境中了解具有相反意义的数量，知道负数在情境中表达的具体意义，感悟这些负数可以表达与正数意义相反的量，进一步发展数感。

主题活动2：校园平面图。在实际情境中，综合应用比例尺、方向、位置、测量等知识，绘制校园平面简图，标明重要场所，交流绘制成果，反思绘制过程，形成初步的应用意识和创新意识。

主题活动3：体育中的数学。收集重大体育赛事的信息、某项体育比赛的规则、某运动员的技术数据等素材，提出数学问题，设计问题解决方案，在问题解决的过程中，形成发现、提出、分析、解决问题的能力。

项目学习1：营养午餐。调查了解人体每日营养需求，以及主要食物的营养成分，感受合理膳食的重要性；调查学校餐厅或自己家庭一周午餐食谱的营养构成情况，提出建议；开展独立活动或小组活动，设计一周合理的营养午餐食谱；形成重视调查研究、合理设计规划的科学态度。

项目学习2：水是生命之源。调查了解生活中人们使用淡水的习惯及用量，结合淡水资源分布、中国人均淡水占有量、城市生活用水的处理等信息，发现、提出并解决问题；制订校园或家庭节水方案，尝试设计节水工具或方法，提高环保意识，形成初步的应用意识和创新意识。

2.学业要求

能够积极参与活动，在活动中能独立思考问题，主动与他人交流，经历实地测量、收集素材、调查研究、解决问题的过程，提升思考问题的能力，积累根据解决问题的需要合理选择策略和方法的经验，形成模型意识与初步的应用意识和创新意识。

如何表达具有相反意义的量。在真实情境中，通过具体事例体会相反意义的量，如温度、海拔等，能表达具体情境中负数的实际意义，能通过对多个事例的归纳、比较，感悟负数可以表达与正数相反意义的量。

（1）校园平面图。结合本校校园的实际情况，能制订比较合理的测量方案和绘图比例；能理解所需要的数学和其他学科的知识，在教师指导下，积极有序展开测量；能按校园的方位和场所的位置，依据绘图比例绘制简单的校园平面图；能解释绘图的原则，在交流中评价与反思；提升规划能力，积累实践经验。

（2）体育中的数学。能结合自己的兴趣，确定所要研究的关于体育的内容与范围；会查找相关资料，提出有价值的数学问题；在教师指导下，能与他人交流合作，运用数学或其他学科的知识解决问题，能积极参与小组间的交流，说明自己小组的问题解决过程，理解其他小组所解决的问题和问题解决的思路，感悟数学在体育中的作用，提高学习数学的兴趣。

（3）营养午餐。在对人体营养需求和食物营养物质的调查研究中，进一步理解百分数的意义；会用扇形统计图整理调查结果，分析如何实现营养均衡；经历一周营养午餐食谱的设计过程，感悟在实际情境中方案的形成过程；形成重视调查研究、合理设计规划的科学态度。

（4）水是生命之源。能合作设计生活中用水情况的调查方案，并展开调查，在调查中进一步优化方案；会查找与淡水资源相关的资料，从资料和实地走访中筛选需要的信息，提出问题，确定解决问题的思路，提高应用意识；根据问题解决中的发现和收获，制订节水方案，尝试设计节水工具或方法，培养创新意识；在问题解决中加深对水资源保护等社会问题的关注与理解。

3.教学提示

学生在主题活动中学习某些数学知识，运用数学和其他学科的知识与方法解决问题。在"如何表达具有相反意义的量"中，借助气温、海拔等事例了解负数表达的实际意义。在"校园平面图"中，通过实际操作、小组合作等方式，运用测量、画图等方法解决问题。在"体育中的数学"中，可以与体育课相结合，记录、整理和呈现某些体育项目活动中的数据，从中发现问题、解决问题。第二学段应引导学生经历数学应用的一般性过程，包括有价值数学问题的提出、解决问题策略和方法的探究、数学结论现实意义的合理解释等，体会数学的价值和思想方法，提高创新意识和应用意识。

"营养午餐""水是生命之源"，可按照项目式学习的方式进行活动设计。学生可分组，发现、提出与项目相关的问题，分工协作完成计划，反思交流问题解决中的收获、感悟。例如，"营养午餐"作为项目式学习，应当遵循项目式学习的要求，对问题进行完整的设计和规划，其中包括知道人体所需的各种营养物质，甚至还要知道这些营养物质的作用；需要知道各种食物所含营养物质的比例，调查并分析学校食堂或自己家庭午餐的营养状况；需要用统计图表整理调查结果,可以用百分数表达相应数据,用扇形统计图呈现各自所占比例。

学生需要分工协作完成调查分析。如上所述,所要调查分析的内容很多,为了保证活动的实效性,教师需要组织学生分组活动,分工负责,以长程活动的方式进行,最后归纳总结。例如,可设计6学时完成"营养午餐"的学习。其中第1~2学时,分别调查了解人体所需要的营养物质和几种主要食品所含营养物质,计算相应的百分数,看懂相应的扇形统计图;第3~4学时,收集学校食堂或自己家庭一周的午餐食谱,分析其中的营养成分,进行类似的统计分析;第5学时,综合所有数据,分析午餐营养与人体所需营养之间的关系,小组之间进行交流,达成人体对午餐所需营养的共识;第6学时,把学校或自己家庭午餐营养统计数据与达成的共识进行比较,提出改进建议,并且设计一周的营养午餐,小组之间进行交流。

这样的项目式学习,可以采用"课内+课外、校内+校外、集中+分散"等灵活方式进行,调动学生的自主性,指导学生综合运用知识,开展有目的、有设计、有步骤、有合作、有反思的实践活动,培养学生解决实际问题的兴趣和能力,发展模型意识。

除上述主题内容外,还可以结合中华优秀传统文化,以及与学生密切相关的校园生活、社会生活选择内容,如垃圾回收与利用、身边的一棵树、城市公共交通路线图、寻找黄金分割等,以保证不同基础、不同需求的学生都可以参与活动,提高学生学习数学的兴趣、应用意识和创新意识。

小学阶段综合与实践领域,主要是以主题式学习的形式,让学生感悟自然界和生活中的数学,在获取知识的同时,激发学习数学的兴趣。初中阶段综合与实践领域,可采用项目式学习的方式,以问题解决为导向,整合数学与其他学科的知识和思想方法,让学生从数学的角度观察与分析、思考与表达、解决与阐释社会生活以及科学技术中遇到的现实问题,感受数学与科学、技术、经济、金融、地理、艺术等学科领域的融合,积累数学活动经验,体会数学的科学价值,提高发现问题与提出、分析和解决问题的能力，发展应用意识、创新意识和实践能力。

（四）第四学段（7~9年级）

1.内容要求

（1）在社会生活和科学技术的真实情境中，结合方程与不等式、函数、图形的变化、图形与坐标、抽样与数据分析等内容，经历现实情境数学化，探索数学关系、性质与规律的过程，感悟如何从数学的角度发现问题和提出问题，逐步形成"会用数学的眼光观察现实世界"的核心素养。

（2）用数学的思维方法，运用数学与其他相关学科的知识，综合地、有逻辑地分析问题，经历分工合作、试验调查、建立模型、计算反思、解决问题的过程，提升思维能力，逐步形成"会用数学的思维思考现实世界"的核心素养。

（3）用数学的语言，将现实问题转化为数学问题，经历用数学方法解决问题的过程，感悟科学研究的过程与方法，感受数学在与其他学科融合中所彰显的作用，积累数学活动经验，逐步形成"会用数学的语言表达现实世界"的核心素养。

2.学业要求

经历项目式学习的全过程。能综合运用数学和其他学科的知识与方法，在实际情境中发现问题，并将其转化为合理的数学问题；能独立思考，与他人合作，提出解决问题的思路，设计解决问题的方案；能根据问题的背景，通过对问题条件和预期结论的分析，构建数学模型；能合理使用数据，进行超计算，借助模型得到结论；能根据问题背景分析结论的意义，反思模型的合理性，最终得到符合问题背景的模型解答。

在这样的过程中，理解数学，应用数学，形成和发展应用意识、模型观念等，提升获取信息和资料的能力、自主学习和合作探究的能力、撰写研究报告和语言表达的能力。整合数学与其他学科的知识，完成跨学科实践活动,感悟数学与生活、数学与其他学科的关联,发展学习能力、实践能力和创新意识。

3.教学提示

项目式学习的关键是发掘合适的项目,要关注问题是否是现实的,还要关注问题是否是跨学科的;要关注学生是否能够解决问题,还要关注学生是否能够提出问题;要关注解决问题过程中的数学计算,还要关注解决问题过程中的数学表达,这在现阶段的数学教学改革中是一项新的课题。

注重引导学生通过小组合作或独立思考,经历发现和提出问题的过程,其中提出问题是指提出合适的数学问题。从发现问题到提出问题,往往要经历从语言表达到数学表达的过程,其中语言表达不仅包括日常生活语言,还包括其他学科的语言。教师要帮助学生感悟如何从数学的角度审视问题,在发现和提出问题的过程中,引导学生会用数学的眼光观察现实世界。

注重引导学生经历分析和解决问题的过程。问题是由学生自己或与他人交流中提出的,解决问题的过程要与提出问题的过程有机结合。教师要帮助学生感悟解决现实问题不仅要关注数学的知识,更要关注问题的背景知识,发现问题的本质与规律,然后用数学的概念、定理或公式予以表达。在建立数学模型的过程中,引导学生会用数学的思维思考现实世界。

最终要引导学生解释数学结论的现实意义,进而解决问题。在许多情况下,模型中的参数或重要指标与所要解决问题的背景资料有关,往往需要分析模型结论的合理性,主要是分析结论是否与现实吻合。如果有悖于现实,就需要调整模型,直至合理。在这样的过程中,让学生感悟重事实、讲道理的科学精神,体会数学表达的简洁与精确,引导学生会用数学的语言表达现实世界。

三、英语课程

英语课程内容由主题、语篇、语言知识、文化知识、语言技能和学习策略等要素构成。围绕这些要素，通过学习理解、应用实践、迁移创新等活动，推动学生核心素养在义务教育全程中持续发展，如图2-1所示。

图2-1 义务教育英语课程内容结构示意图

课程内容的六个要素是一个相互关联的有机整体，共同构成核心素养发展的内容基础。其中，主题具有联结和统领其他内容要素的作用，为语言学习和课程育人提供语境范畴；语篇承载表达主题的语言知识和文化知识，为学生提供多样化的文体素材；语言知识为语篇的构成和意义的表达提供语言要素；文化知识为学生奠定人文底蕴、培养科学精神、形成良好品格和正确价值观提供内容资源；语言技能为学生获取信息、建构知识、表达思想、交流情感提供途径；学习策略为学生提高学习效率、提升学习效果提供具体方式方法。

义务教育英语课程内容分三级呈现，建议3~4年级学习一级内容，5~6年级学习二级内容，7~9年级学习三级内容，兼顾小学英语开设起始年级区域差异，设置预备级和三个"级别+"，如图2-2所示。预备级主要满足1~2年级教学需要，以视听说为主。"级别+"为学有余力的学生提供选择，对各"级别+"的内容要求用"+"标识。

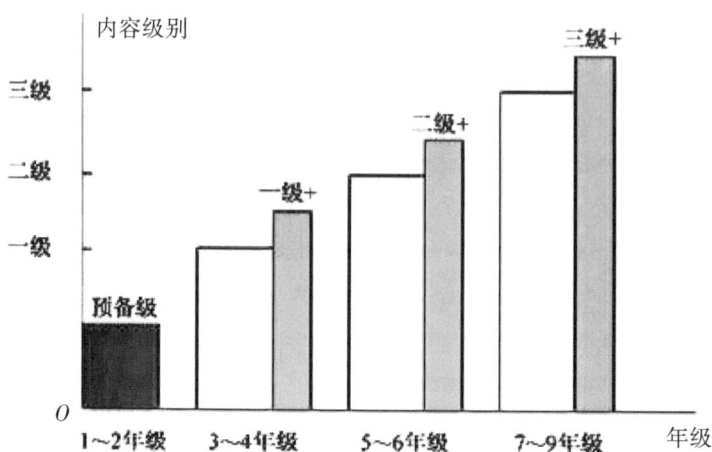

图 2-2　义务教育英语课程内容分级示意图

英语学科跨学科要求从课程内容来看主要体现为主题、语篇、文化知识三个要素。

（一）内容要求

以下对课程内容三个要素的学习范围和学习要求按三个基本级别进行描述。

1. 主题

主题包括人与自我、人与社会、人与自然三大范畴。其中，"人与自我"以"我"为视角，设置"生活与学习"和"做人与做事"等主题群；"人与社会"以"社会"为视角，设置"社会服务与人际沟通""文学、艺术与体育""历史、社会与文化"和"科学与技术"等主题群；"人与自然"以"自然"为视角，设置"自然生态""环境保护""灾害防范"和"宇宙探索"等主题群。各主题群下设若干子主题。具体内容要求如表 2-2、表 2-3、表 2-4 所示。

表 2-2　主题内容要求（一级）

主题	主题群	子主题内容
人与自我	生活与学习 做人与做事	身边的事物与环境；时间管理；生活自理与卫生习惯；个人喜好与情感表达；家庭与家庭生活；学校课程、学校生活与个人感受；饮食与健康

主题	主题群	子主题内容
人与社会	社会服务与人际沟通 文学、艺术与体育 历史、社会与文化	班级与学校规则,规则意识;团队活动与集体生活,参与意识与集体精神;校园、社区环境与设施,爱护公共设施;同伴交往,相互尊重,友好互助;尊长爱幼,懂得感恩;常见的体育运动项目,运动与健康;交通法规,安全意识;常见职业与人们的生活;常见节假日,文化体验
人与自然	自然生态 环境保护	天气与日常生活;季节的特征与变化,季节与生活;身边的自然现象与生态环境;常见的动物,动物的特征与生活环境

表2-3 主题内容要求（二级）

主题	主题群	子主题内容
人与自我	生活与学习 做人与做事	学习与生活的自我管理;乐学善学,勤于反思,学会学习;健康、文明的行为习惯与生活方式;运动与游戏,安全与防护;自信乐观,悦纳自我,有同理心;情绪与情感,情绪与行为的调节和管理;生活与学习中的困难、问题和解决方式;零用钱的使用,合理消费,节约意识;劳动习惯与技能,热爱劳动
人与社会	社会服务与人际沟通 文学、艺术与体育 历史、社会与文化 科学与技术	校园与社区环境保护,公益劳动与公共服务;自尊自律,文明礼貌,诚实守信,孝亲敬长;个人感受与见解,倾听、体谅他人,包容与宽容;运动、文艺等社团活动,潜能发掘;对社会有突出贡献的人物及其事迹;中外名胜古迹的相关知识和游览体验;世界主要国家的传统节日,文化体验;科学技术改变生活
人与自然	自然生态 环境保护 灾害防范 宇宙探索	中国主要城市及家乡的地理位置与自然环境;世界主要国家的名称、地理位置与自然景观;人与自然相互依存,绿色生活的理念和行为;种植与养殖,热爱并善待生命;自然灾害与人身安全,灾害防范基本常识;地球与宇宙探索

表2-4 主题内容要求（三级）

主题	主题群	子主题内容
人与自我	生活与学习 做人与做事	丰富、充实、积极向上的生活;多彩、安全、有意义的学校生活;身心健康,抗挫能力,珍爱生命的意识;积极的学习体验,恰当的学习方法与策略,勤学善思;自我认识,自我管理,自我提升;职业启蒙,职业精神;劳动实践,劳动品质与工匠精神;货币常识,理财意识,理性消费,信用维护;勤于动手,乐于实践,敢于创新

主题	主题群	子主题内容
人与社会	社会服务与人际沟通 文学、艺术与体育 历史、社会与文化 科学与技术	良好的人际关系与人际交往;和谐家庭与社区生活;社区服务与公共服务;交流与合作,团队精神;家乡和社会的变迁,历史的发展,对未来的畅想;跨文化沟通与交流,语言与文化;中外影视、戏剧、音乐、舞蹈、绘画、建筑等艺术形式中的文化价值和作品赏析,优秀的艺术家及其艺术成就;日常体育活动,重大体育赛事,体育精神;中外文学史上有代表性的作家和作品;世界主要国家的文化习俗与文化景观、节假日与庆祝活动;对世界、国家、人民和社会进步有突出贡献的人物;公共秩序与法律法规,个人信息安全与国家安全意识;身份认同与文化自信;社会热点与国际事务;科学技术与工程,人类发明与创新
人与自然	自然生态 环境保护 灾害防范 宇宙探索	世界主要国家的地理位置,不同地区的生态特征与自然景观;热爱与敬畏自然,与自然和谐共生;环境污染及原因,环保意识和行为;自然灾害与防范措施,人身安全与自我保护;地球与宇宙探秘,航天事业发展

2.语篇

语篇分不同的类型。语篇类型既包括连续性文本,如对话、访谈、记叙文、说明文、应用文、议论文、歌曲、韵文等,也包括非连续性文本,如图表、图示、网页、广告等。语篇类型可分为口语与书面语等形式,还可分为文字、音频、视频、数码等模态。语篇类型体现基础性、通用性和适宜性。语篇类型具体内容要求,如表2-5所示。

表2-5 语篇类型内容要求

级别	内容要求
一级	歌曲、韵文;日常简短对话、独白;配图故事、叙事性日记等;人物介绍、物品介绍、地点介绍等;书信、活动通知、操作指令、生日及新年贺卡、邀请卡等;其他语篇类型,如提示牌、告示牌、菜单、购物单、简单图表、视频等
二级	日常简单对话、独白;记叙文,如配图故事、叙事性日记、人物故事、寓言、幽默故事、童话等;说明文,如介绍类短文、科普类短文、简短书面指令、操作程序等;应用文,如贺卡、邀请卡、书信、活动通知、启事、活动安排与计划、宣传海报、规则、问卷等;新媒体语篇,如简单社交媒体信息、网页、电子邮件;其他语篇类型,如歌曲、韵文、剧本、图表、视频等

级别	内容要求
三级	日常对话、独白;记叙文,如故事、简版小说、人物传记、童话等;说明文,如介绍类短文、程序或现象说明、事物阐释、书面指令、操作指南、使用手册等;应用文,如日记、私人信件、宣传海报、宣传册、通知、活动安排与计划、规则、问卷等;新闻报道,如简讯、专题报道等;工具书,如词典、语法书等;新媒体语篇,如常见网络媒体语篇、电子邮件、社交媒体信息等;其他语篇类型,如歌曲、诗歌、剧本、广告、图片、表格、天气预报,以及广播、电视、网络节目等
三级+	简单的说理类文章

3.文化知识

文化知识既包括饮食、服饰、建筑、交通,以及相关发明与创造等物质文化的知识,也包括哲学、科学、历史、语言、文学、艺术、教育,以及价值观、道德修养、审美情趣、劳动意识、社会规约和风俗习惯等非物质文化的知识。文化知识的学习不限于了解和记忆具体的知识点,更重要的是发现、判断其背后的态度和价值观。文化知识具体内容要求,如表2-6所示。

表2-6　文化知识内容要求

级别	内容要求
一级	人际交往中英语与汉语在表达方式上的异同,如姓名、称谓、问候等;不同国家或文化背景下的学校生活、家庭生活、饮食习惯等的异同;中外典型文化标志物和传统节日的简单信息
二级	不同文化背景下,人们的行为举止、生活习俗、饮食习惯、待人接物的礼仪,应当规避的谈话内容;中外重大节日的名称、时间、庆祝方式及其意涵;简单的英语优秀文学作品(童话、寓言、人物故事等)及其蕴含的人生哲理或价值观;为人类社会进步作出重大贡献的中外代表人物及其成长经历;中外主要体育运动项目、赛事、优秀运动员及其成就和体育精神;中外艺术领域有造诣的人物及其作品;世界主要国家的基本信息(如首都、国旗和语言等)旅游文化(重要文化标志物等)和风土人情等,对文化多样性的感知与体验

级别	内容要求
三级	世界主要国家待人接物的基本礼仪和方式,体现文化的传承和人与人之间的相互尊重;具有优秀品格的中外代表人物及其行为事迹;中外优秀艺术家及其代表作品,以及作品中的寓意;中外优秀科学家的主要贡献及其具有的人文精神和科学精神;中外主要节日的名称、庆典习俗、典型活动、历史渊源;中外餐桌礼仪,典型饮食及其文化寓意;世界主要国家的名称、基本信息(如首都、地理位置、主要语言、气候特征等)、社会发展,以及重要标志物的地点、特征和象征意义;中外名人的生平事迹和名言,以及其中蕴含的人生哲理;不同文化背景下,人们关于生命安全与健康的态度和观念;不同文化背景下,人们的理财观念和方式及其带来的影响;中外大型体育赛事的项目名称、事实信息、历史发展、优秀人物及其传递的体育精神;不同文化背景下,人们的劳动实践和劳动精神;不同国家青少年的学习和生活方式

(二) 教学提示

1. 二级 (5～6年级)

开展英语综合实践活动,促进学生核心素养的全面发展。教师应基于一定的课程目标,以学生的兴趣和直接经验为基础,以与学生学习、生活密切相关的各类现实性和实践性问题为内容,本着"学用结合、课内外结合、学科融合"的原则,开展英语综合实践活动,把学生的学习从书本引向更广阔的现实世界。

英语综合实践活动学习主题的确定要充分考虑学生的学习兴趣,根据英语学习内容和现实生活确定任务及问题,引导学生通过实践与探究,综合运用英语和其他课程所学知识解决问题,拓展并加深学生对自我、社会和自然的认知与体验。英语综合实践活动的目标要体现整体性,强调学生的全面发展。学习进程中各个环节的设计与实施要有效促进实践活动目标的达成,实施英语综合实践活动评价时,要全面评价学生在学习过程中的实际获得,既要对知识技能进行评价,也要将同伴合作、问题解决、创造性思维等方面纳入评价范围。

2. 三级 (7～9年级)

开展英语综合实践活动,提升学生运用所学语言和跨学科知识创造性解决问题的能力,引导学生结合个人生活经验和社会生活需要,围绕特定主题，由真实的问题或任务驱动，综合运用其他相关课程的知识自主开展项目学习，如与化学联合的"调查大气污染"，与道德与法治联合的"探析中华传统节日"，与历史、生物学等联合的"走进博物馆"，与地理联合的"家乡一日游"等。结合教材内容，遵循项目学习的路径，适当运用信息化手段，将语言学习和内容学习有机融合。在英语综合实践活动中，确立并引导学生围绕复杂的、来自真实情境的主题，自主、合作参与实践和探究，用英语完成设计、计划、问题解决、决策、作品创作和成果交流等一系列项目任务。在此过程中，学生运用所学语言进行有意义的思考、建构、交流和表达，呈现和展示最终的学习成果，实现学以致用、学用一体。

四、道德与法治课程

道德与法治课程以发展学生的核心素养为导向，以"成长中的我"为原点，由"自我认识"到"我与自然""我与家庭""我与他人""我与社会""我与国家和人类文明"，不断扩展学生的认识和生活范围。同时，以道德与法治教育为框架，有机融入国家安全教育、生命安全与健康教育、劳动教育，以及信息素养教育、金融素养教育等相关主题，强化中华民族传统美德、革命传统和法治教育。根据不同阶段学生的身心发展特点，以学生实际生活为基础，分学段按主题对内容进行科学设计，建构学段衔接、循序渐进、螺旋上升的课程体系。

五、历史课程

为进一步发展学生核心素养，促进学生历史学习方式的转变，加强学生运用多学科知识与技能进行综合探究的能力，历史课程设计了跨学科主题学习活动，引导学生围绕某一研究主题，将所学历史课程与其他课程的知识、技能、方法以及课题研究等结合起来，开展深入探究、解决问题的综合实践活动。

　　跨学科主题学习活动各个主题涉及的内容，都来自中国历史和世界历史六个板块，从特定的问题意识出发，将分散在不同地方的内容整合在一起，有助于学生形成既在时段上纵通又在领域上横通的通史意识。同时，借助不同课程所学的知识和方法，培养学生多角度分析问题和解决问题的能力。课程内容中的前六个板块是历史学习的基础，跨学科主题学习活动板块是学习的提升和拓展。跨学科主题学习活动的设计思路、情境素材和教学策略应聚焦发展学生解决问题的能力，并秉持以下原则。

　　综合性。跨学科主题学习活动要体现不同学习领域的知识整合，以及多种方法的综合利用，将历史学习与现实探究有机联系，史料研习与社会实践有机配合，校内学习与校外活动有机结合，培育学生的正确价值观、必备品格和关键能力。

　　实践性。跨学科主题学习活动要注重历史与现实的关系，以学生的自主性、合作性、探究性学习为主，促使学生将学科知识与社会问题的解决联系起来，实现学习的有效迁移，促进学生的全面发展。

　　多样性。跨学科主题学习活动借助历史资源的丰富多样性，为学生提高创新精神和实践能力搭建多维度的平台，提供多样化的学习途径，以历史与社会的多领域、跨阶段为视角提出问题，探索多种解决问题的方案，通过多种途径，运用各种手段，使学生在解决问题的过程中得到多方面的发展。

　　探究性。跨学科主题学习活动的探究主题要具有一定开放性和延伸性，提倡深度学习、项目式学习和课题式学习，形成研究性学习成果。

　　可操作性。跨学科主题学习活动设计，要考虑地区、学校、学生等实际情况，在路径选择、材料获取、活动方式、评价方式等方面要具有可操作性。

　　历史课程在总课时中专门规划出10%的课时，设计了若干个活动主题，如表2-7所示，并提出了具体的活动目标、任务与方法，活动过程，活动延伸等，供教师在教学中选用。教师也可以根据教学的实际情况，与学生一起设计学习活动。

表2-7 历史学科跨学科主题学习活动设计参考示例

学习主题	设计思路说明
中华英雄谱	传承民族气节,崇尚英雄气概,是历史课程的重要育人功能之一。本主题的设计,旨在引导学生通过历史剧的编演等文艺形式,了解中国各个历史时期的英雄人物,把不同时期的英雄人物具体化、形象化。使学生切实体验、感受各个历史时期英雄人物的业绩,从中获取精神力量。在查找资料、编写剧本、演出历史剧的过程中,进一步培育唯物史观、时空观念、史料实证、历史解释和家国情怀等素养,以及运用跨学科知识完成相关任务的能力 本主题学习活动属于项目式学习,项目产品包括历史剧本、作品解读、艺术构思和文艺展演。学生需要尽可能全面地查找史料,使文本内容和演出场景符合当时的历史情境,需要运用语文、艺术等知识进行创作和文艺展演。在这一过程中,学生之间、师生之间需要互相合作交流,共同完成任务。该项目式学习,既体现了以学生为主体的教学观念,又充分发挥历史课程的育人功能,使学生形成责任担当意识,增强家国情怀
小钱币,大历史	货币是商品交换和经济发展的产物,从古至今在社会发展和人们的经济生活中起着重要作用。本主题的设计,旨在引导学生整理中外历史上货币的发展情况,使学生对中外货币发展史形成基本认识 学生需要结合道德与法治、数学、艺术等知识,进行这一主题的学习活动,初步了解经济史和金融知识,提升实践能力和金融素养
历史上的中外文化交流	文化交流与人类的产生相伴而生,对历史发展和社会进步产生了重要影响。随着中国与世界的关系日益密切,中外文化交流越来越重要。本主题的设计,旨在引导学生在历史课程学习的基础上,对中外文化交流进行梳理和研究,不仅有助于学生学习历史,而且有助于学生树立正确的世界观和文化观 学生需要结合语文、地理、艺术、科学等知识,进行这一主题的学习活动,通过可信史料,了解中外文化交流的途径、内容、作用、影响,强化时空观念,认识物质文明与精神文明的关系,理解中华优秀传统文化的世界意义和借鉴外国优秀文化的重要性,感受中华优秀传统文化的魅力,增强文化自信
历史上水陆交通的发展	水陆交通的建设与发展,是国家基础建设和国家有效治理的一个方面,其发展水平体现了综合国力的发展程度。本主题的设计,旨在引导和组织学生梳理、概括不同历史时期水陆交通的建设与发展,对历史上水陆交通发展的问题进行综合探究,有助于培养学生勇于探究、合作交流、沟通表达、实践创新等共通性素养 本主题学习活动,既聚焦一个具体的历史问题,又是一个开放性的探究活动。学生需要结合人文与社会、科学与技术等领域的相关知识,从多个角度进行探讨,创造性地分析和解决问题

学习主题	设计思路说明
生态环境与社会发展	18世纪中叶以来,世界各国先后进入工业时代,在社会生产力得到迅猛发展的同时,也造成了一系列环境问题。本主题的设计,旨在引导学生对工业革命后的环境问题进行探究,通过模拟新闻演播等方式,加深对环境问题的认识,增强环保意识 学生需要结合地理、生物学、道德与法治、科学等知识,通过搜集整理资料、编写新闻稿,录制新闻等活动,加强唯物史观、时空观念、史料实证、历史解释等核心素养,涵养家国情怀,并发展共同性素养
在身边发现历史	在每个学生身边,既有丰富的现实生活,也有无处不在的历史。本主题的设计,旨在从物质文化遗产和非物质文化遗产入手,引导学生从身边的生活探寻其中反映的历史,拉近学生生活与历史之间的距离,提升学生对历史的认知,发展历史思维 本主题学习活动,不仅要求学生对历史课程所学内容进行梳理,还要创新探究方式,要深入社区、走进家庭,将资料解读与实地调研结合起来,综合运用跨学科的知识和方法。学生从身边的生活着手,通过博物馆、街道、建筑、老照片、老物件、口述采访等,了解人们在衣、食、住、行、用等方面的变化,切身感受人民生活水平的提高,铸牢建设中国特色社会主义的理想信念
探寻红色文化的历史基因	红色文化是由中国共产党人和广大人民群众共同创造的、极具中国特色的先进文化,蕴含着丰富的革命精神和厚重的历史内涵。它不仅是中国历史的重要组成部分,也是激励中国人民自强不息、不断进取的力量源泉。本主题的设计,旨在引导学生通过学习中国近现代史的相关内容,加深理解中国共产党领导中国人民进行革命斗争和社会主义建设的艰苦历程,深切感受中国共产党人的大无畏牺牲精神和人民群众的无私奉献精神,认识中国共产党人的不懈努力是历代仁人志士追求民族独立、人民解放理想的延续 本主题学习活动的开展,需要综合运用历史、道德与法治、语文、地理等知识,特别是要利用本地的红色文化资源,了解红色文化中的"人、物、事、魂"。通过办板报、故事会、实地参观等形式,开展红色文化精神之旅,发掘红色文化的教育价值,体会革命精神,弘扬革命传统,传承红色基因
看电影,学历史	电影是近代产生的一种人们喜闻乐见的文艺形式,电影作品是不同时代的产物,反映不同时代的内容。看电影不仅能愉悦人们的身心,也能使人获得历史教育,直观地感受历史上的重大事件、人物情感、社会百态和时代变迁。本主题的设计,旨在引导学生加深对所学历史内容的理解,发现课堂教学没有涉及的历史信息,了解电影的主创者对历史的理解和解释,学会将看电影当成学习历史的一种方式 本主题学习活动的开展,需要结合语文、艺术等知识,既可以选择以重大历史事件、人物为题材的影片,也可以选择以社会、生活、自然环境为题材的影片,引导学生学会发现方方面面的历史细节,通过写影评、举行研讨会等方式,在交流观看电影的感受的过程中提升核心素养

学习主题	设计思路说明
历史地图上的世界格局	历史地图是历史学习与研究过程中经常使用的资料,具有直观性,是学生了解史事发生与变化的时空环境的重要媒介。本主题的设计,旨在引导学生通过识读不同时期的历史地图,比较并发现世界格局发生的变化,从而加强时空观念、史料实证等核心素养 本主题学习活动的开展,需要综合运用地理、道德与法治等知识,通过历史地图,梳理、总结古代、近代和现代的世界格局演变,了解中国国际地位的变化,分析当今世界发展的新趋势
古代典籍中的中华优秀传统文化	中国古代流传下来的典籍是中华优秀传统文化的传播载体,包含了中华优秀传统文化的丰富内容,是世界文化的宝库。本主题的设计,旨在让学生通过不同学科的解读角度和方法,增进对中国古代典籍的了解,深化对其中蕴含的中华优秀传统文化内容的认识 本主题学习活动的开展,需要结合语文、道德与法治等知识,了解古代典籍的概貌和特点;节选《论语》《史记》,以及诗词歌赋、古典小说中的经典名篇,了解不同学科对同一经典作品的不同解读角度和方法,并将其置于具体的历史情境中加以理解,从多维度认识中华优秀传统文化

六、地理课程

地理课程跨学科主题学习是基于学生的基础、体验和兴趣,围绕某一研究主题,以地理课程内容为主干,运用并整合其他课程的相关知识和方法,开展综合学习的一种方式。地理课程跨学科主题学习立足于核心素养的培育,关注学生探究能力、创新意识、实践能力、社会责任感的培养,促进学生全面发展,以物化的学习产品(如各种文本、模型、设计图等)为基本学习成果。

地理课程跨学科主题学习要求贴近学生生活实际,符合学生年龄特点,聚焦真实问题的发现和解决,体现鲜活的实践特征。地理课程跨学科主题学习的设计包括制订学习目标、选取学习主题和内容、选择学习形式、选定学习场所、开展学习评价等环节,设计时要注意各环节之间的联系,突出整体效果。

学习目标的制订要以地理知识和方法为基础,以地理学习方式和过程为支撑,融入多学科的知识和方法,注重增长学生的知识和见识、提升综合认知和解决问题的能力，达到学以致用、知行合一的目的。

学习主题和内容主要选取生态文明建设、环境保护、资源利用、家乡环境与人们生产生活的变化、乡村振兴等方面真实存在的事物和现象，设计的问题具有研究价值和现实意义。

学习形式要根据学习内容适当选择，如项目式学习、单元式学习等。主题学习要突出实践性和可操作性，以学生自主学习、合作学习和探究学习为主。

学习场所不局限在校内，要调动相关社会资源，引导学生走进自然和社会大课堂，提高他们在真实环境下学习多学科知识并运用其解决问题的能力。

学习评价要围绕学生核心素养的提升和发展水平展开，充分运用过程性评价、终结性评价、增值性评价、综合性评价等方式，对学生在活动中的表现、变化及学习成果等进行及时有效的评价。

地理课程跨学科主题学习的课时容量不少于课程总课时的10%。各地区或学校可以根据实际情况统筹安排地理课程跨学科主题学习，也可以充分挖掘本地区的课程资源自主设计。在设计跨学科主题学习活动时，可以根据不同的学习目标和要求，在跨学科主题学习框架下，体现不同的学习方法和路径。

七、物理课程

物理课程一级主题"跨学科实践"包含"物理学与日常生活""物理学与工程实践""物理学与社会发展"三个二级主题。"跨学科实践"主题的内容具有跨学科性和实践性特点，与日常生活、工程实践及社会热点问题密切相关。这部分内容的设计旨在发展学生跨学科运用知识的能力、分析和解决问题的综合能力、动手操作的实践能力，培养学生积极认真的学习态度和乐于实践、敢于创新的精神。

（一）内容要求

1.物理学与日常生活

（1）能发现日常生活中与物理学有关的问题，提出解决方案。例如，调查日常生活用品（如厨房用品）使用中的问题，并提出改进措施，能运用所学的知识论证自己所提建议的合理性。

（2）能运用所学知识分析日常生活中的安全问题，提出解决方案，践行安全与健康的生活。例如，调查生活中（用电、乘车、住高楼等）存在的安全隐患，提出安全与健康生活的建议。

（3）能运用所学知识指导和规范个人行为，践行低碳生活，具有节能环保意识。例如，了解当地空气质量状况，并调查相关原因；拟定《个人低碳生活行为指南》，对个人节能环保行为提出具体要求。

活动建议：通过资料查阅、商店咨询和实物考察，分析自行车中涉及的不同学科知识，选择感兴趣的主题撰写一篇小论文。通过资料查阅和实物考察，探索家庭用电的安全问题，从跨学科视角撰写简单的调查报告。通过资料查阅和实物观察，了解机动车的尾气排放情况，撰写关于城市空气污染和汽车尾气排放的调查报告。

2.物理学与工程建设

（1）了解我国古代的技术应用案例，体会我国古代科技对人类文明发展的促进作用，如了解我国古代"龙骨水车"的工作原理。

（2）调查物理学应用于工程技术的案例，体会物理学对工程技术发展的促进作用，如调查物理学在桥梁建筑技术方面的应用案例，体会物理学对桥梁发展的促进作用。

（3）了解物理学在信息技术中的应用，如了解物理学在信息记录或传播中的应用。

活动建议：制作一台小型风力发电机，从跨学科视角与同学交流制作过程与作品。查阅资料，了解物理学对信息技术发展的贡献，了解量子计算机的相关信息，与同学交流计算机未来的发展。

3.物理学与社会发展

（1）结合实例，尝试分析能源的开发与利用对社会发展的影响。例如，查阅资料并举办报告会，讨论能源利用对环境的影响，结合对当地能源利用现状的调查，提出改进建议。

（2）结合实例，了解一些新材料的特点及其应用，了解新材料的研发与应用对社会发展的影响。例如，了解半导体、超导体的主要特点，展望超导体应用对社会发展的影响；了解纳米材料等新型材料的主要特点，以及这些新材料技术的应用对社会发展的影响。

（3）了解我国科技发展的成就，增强科技强国的责任感和使命感。例如，了解我国"两弹一星"的成就，体会科技作为国家发展战略支撑的重大意义，树立科技自立自强的信念；知道赵忠尧、钱学森、邓稼先等科学家的杰出贡献和爱国情怀，发扬勇攀科技高峰的精神。

活动建设：查阅资料，了解深海、太空等的开发与利用对人类社会发展的意义，撰写一篇小论文。查阅资料，了解环境污染治理比较成功的案例，撰写一篇调查报告。查阅资料，了解手机改进历程中的典型案例，体会通信技术的进步对社会发展的影响。

（二）学业要求

（1）能在跨学科实践中综合认识所涉及的知识，能用物理及其他学科知识解释与健康、安全等有关的日常生活问题，探索一些简单的工程与技术问题，分析与能源、环境等有关的社会热点问题，初步具有运用跨学科知识解决简单问题的能力。

（2）能在跨学科实践中尝试找出影响活动成效的主要因素，并运用简单模型解决问题；能利用归纳或演绎的方法对跨学科问题进行推理，获得结论；能基于证据说明操作的合理性；能在操作中独立思考，提出自己的见解。

（3）能在真实的情境中发现问题，提出假设；能设计简单的跨学科实践方案，并通过调查等方式收集信息，提出证据；能对跨学科实践活动方案、实施过程及结果进行解释；能与他人共同实施方案，合作交流，并撰写简单的活动报告。

（4）为我国古代科技发明感到自豪，能体会物理学对人类生活、工程实践和社会发展的影响；乐于思考与实践，敢于探索，勇于创新，进一步增强安全意识，践行健康生活；具有节能环保、促进可持续发展的责任感。

（三）教学提示

1.教学策略

跨学科实践要紧密结合物理教学内容，体现综合性和实践性，注重激发学生的求知欲和学习热情，促进学生学以致用，养成良好学习习惯，提升团队意识和协作能力。

选择具有综合性、实践性的课题，结合当地特点，围绕现实生活和社会发展的热点问题，从多学科角度观察、思考和分析问题，挖掘、选取有教育意义的素材，将其改造成跨学科实践的问题或任务。

合理制订跨学科实践方案。以问题的解决过程为线索设计方案，将跨学科实践的课题分解为若干驱动性任务，以观察、实验、设计、制作、调查等方式设计活动，将跨学科实践的课题转化为可操作的教学设计和实施方案。

科学引导、循序渐进实施跨学科实践。布置适当的预习任务，引导学生提前了解活动的流程和要求，以及所需知识、方法和设备等；进行合理分组，使学生能相互取长补短、共同完成活动，引导学生主动学习、独立思考、大胆设计、敢于创新，在学生遇到困难时给予适当的指导和帮助。

重视活动成果的呈现和交流。注重活动总结，以设计作品、制作模型、撰写报告等多种形式呈现成果。根据物化形式的特点，组织开展成果展览、报告会、研讨会等多种形式的交流活动。

2.情境素材

"跨学科实践"主题的情境素材很丰富，如日常生活、实践操作、社会发展热点等均可选择。下面侧重提出与日常生活、工程实践、社会发展相关的情境素材建议。

与日常生活相关的素材:观察和体验人在活动或劳动过程中的杠杆模型,从具体事例分析省力杠杆和省距离杠杆,尝试综合运用多学科知识解释生活现象;举办"自行车中的科学知识挑战赛",以自行车为研究对象,确定挑战赛规则,通过趣味比赛引导学生理论联系实际,综合解决问题。

与工程实践相关的素材:举办关于我国古代科技发明的作品展览;举办"简易滑翔机制作比赛",让学生利用所学知识分析原理、绘制设计图、选用材料、制作样机,进行比赛;了解水火箭的原理、结构、材料等,小组合作设计并制作简单的水火箭。

与社会发展相关的素材:设计一个节能环保小屋,思考如何在保护和改善环境的前提下利用太阳能、地热能、风能等能源,从地理位置、气候、成本等方面讨论每种能源利用的可行性,尝试制作节能环保小屋模型;举办"新材料研制与应用报告会",小组合作收集和整理相关资料,在课堂上进行成果展示与答辩。

八、化学课程

(一) 内容要求

1.化学与可持续发展

科学和技术有助于解决社会问题,但使用科学和技术时要考虑其对社会和环境的影响。因此,需要理解科学、技术、社会、环境的相互关系,认识化学在解决与资源、能源、材料、环境、人类健康等相关问题中的作用,体会化学是推动人类社会可持续发展的重要力量,树立建设美丽中国,为全球生态安全作贡献的信念。教育学生要主动践行节约资源、环境友好的生活方式,树立人与自然和谐共生的科学自然观和绿色发展观。

2.化学与资源、能源、材料、环境、健康

结合实例，从物质及其变化的视角，认识资源的综合利用与新能源的开发、材料的科学利用与新材料的研发，理解化学与生态环境保护、医药研制及营养健康的关系，了解酒精、天然气、有机高分子材料等在社会生活中的应用；知道资源开发、能源利用和材料使用可能会对环境产生影响，树立环保意识。

3.化学、技术、工程融合解决跨学科问题的思路与方法

通过实践活动，初步形成应用元素观、变化观等化学观念和科学探究方法解决问题的思路；认识在解决实际问题时，需要综合运用各学科知识，采用合适的方法和工具，以及系统规划和实施；体会有效使用科学技术，以及合作、协同创新解决问题的重要性。

4.应对未来不确定性挑战

（1）科学伦理及法律规范。通过实例分析或参加与化学相关的体验活动，认识到应用科学知识解决问题时，应恪守科学伦理；知道国家在生态环境保护，以及化学品、食品、药品安全等方面颁布的法律法规，增强遵纪守法、自我保护及维护社会安全的意识。

（2）社会性科学议题的合理应对。知道现代科学技术的开发和应用可能会引起与生态环境、伦理道德、经济发展等相关的问题，知道人类生存与发展会面临来自环境、能源、资源、健康和公共卫生等方面的危机与不确定性挑战，通过参与社会性科学议题的探讨活动，体会以理性、积极的态度和系统、创新的思维应对挑战的重要性。

5.跨学科实践活动

跨学科实践活动有：微型空气质量"检测站"的组装与使用，基于特定需求设计和制作简易供氧器，水质检测及自制净水器，基于碳中和理念设计低碳行动方案，垃圾的分类与回收利用，探究土壤酸碱性对植物生长的影响，海洋资源的综合利用与制盐，制作模型并展示科学家探索物质组成与结构的历程，调查家用燃料的变迁与合理使用，调查我国航天科技领域中新型材料、新型能源的应用，列举生活中常见的能源和资源、金属材料和有机合成材料及其应用，举例说明化学在保护环境、维护人体健康等方面的作用,从物质的组成及变化视角分析和讨论资源综合利用、材料选取与使用、生态环境保护等有关问题。

在跨学科实践活动中,能综合运用化学、技术、工程及跨学科知识,秉承可持续发展观,设计、评估解决实际问题的方案,制作项目作品,并进行改进和优化,体现创新意识。

在跨学科实践活动中,具有恪守科学伦理和遵守法律法规的意识,能积极参与小组合作,勇于批判、质疑,自觉反思,能克服困难,敢于面对陌生的、不确定性的挑战,能积极参加与化学有关的社会热点问题的讨论,并作出合理的价值判断,初步形成节能低碳、节约资源、保护环境的态度和健康的生活方式。

(二)教学提示

1.教学策略建议

(1)明确该学习主题的教学定位,注重综合应用化学知识,引导学生从物质的组成及变化视角分析和解决资源、能源、材料、环境、人类健康等实际问题,认识化学科学的重要价值,培养学生的合作、实践、创新等素养。

(2)设计和开展具有挑战性的实践任务,充分利用社会资源,促进校内外联动。让学生经历调研访谈、创意设计、动手制作、展示表达、方案评价、反思改进等多样化活动,促进学生形成运用多学科知识融合解决问题的系统思维,鼓励学生有意识地使用信息技术解决问题。

(3)设计跨学科实践活动,注意将问题解决线、知识逻辑线、素养发展线紧密结合,拆解复杂任务和设计系列活动,实现问题解决过程与核心知识的获得,以及能力和素养发展的自然融合,确保重点活动的开放度,让学生经历自主思考、合作探究、深度互动与交流、总结与反思等完整的问题解决过程,实现深度学习,提升解决真实问题的能力,促进学生核心素养的融合发展。

（4）综合运用体验和表达、成就和激励、反馈和深化等策略促进学生知、情、意、行的统一，引导学生形成绿色化学与可持续发展观，了解符合科学伦理和法定的行为准则，认识这些观念和准则的重要性。

（5）跨学科实践活动的开展应与"物质的性质与应用""物质的组成与结构""物质的化学变化"等学习主题中的核心知识，以及学生必做实验的教学密切结合，充分发挥跨学科实践活动对课程内容和教学实施的整合功能。

2.情境素材建议

（1）太阳能、氢能、风能、核能等新能源的开发与利用，我国的"煤改电"工程，沼气、天然气和西气东输工程，我国古代黑火药的发明和使用，我国能源消耗和化石燃料分布，我国可燃冰资源的开发，海水淡化技术和产业发展，南水北调工程。

（2）污水处理与利用，空气质量日报，温室效应与全球变暖，我国蓝天、碧水、净土三大保卫战。

（3）从石器、青铜器、铁器到高分子合成材料的变迁，塑料制品的回收、降解与再生，我国超导材料的研发，石墨烯材料的特性和我国石墨烯产业的发展，日常生活、信息技术、航空航天和国防科技领域中的新型材料。

（4）均衡膳食结构图，人每天摄入的食物中所含的主要营养物质及其含量，常见的食品添加剂及我国对使用食品添加剂的有关规定，常用药品、家用洗涤剂及消毒剂的使用说明。

3.学习活动建议

（1）实验探究活动。模拟从海水中获取淡水的实验，模拟酸雨对植物、建筑等的影响，用简单的实验区分棉纤维、羊毛纤维和合成纤维，检测人体呼出气体中的酒精含量。

（2）调查与交流活动。讨论氢气、甲烷、酒精、煤等燃料哪种更理想，评估替代能源的选择；探讨在日常生活中减少能源消耗的方法；调查当地燃料的来源和使用情况，提出合理使用燃料的建议。调查当地有关生态环境保护的政策与措施，讨论其实效性；分析当地近几年空气质量的相关信息，探讨空气质量变化的原因；参观并讨论当地"三废"（废水、废气、固体废弃物）的处理设施（或观看有关的影像资料）。调查我国探月工程和载人航天工程（如神舟系列飞船）中所研发的新型材料；调查家中常用材料的情况，查阅有关塑料和金属循环再利用的资料；讨论保温杯、易拉罐等材料的选择及使用的注意事项。分析、评估家庭的食谱，并给出改进建议；调研家用清洁剂、消毒剂的种类及使用中的常见问题；查阅家庭常用药品的说明书，了解药品有效成分及含量，明确使用方法，观看展览或影像资料；了解烟草、酒精对人体健康的影响，认识毒品对个人及社会的危害，远离和拒绝毒品。收集化学在帮助人类改善健康状况和战胜疾病方面的实例；调研从事化学化工相关职业劳模的先进事迹，感悟劳模精神。

（3）项目式学习活动。选择燃料，设计奥运会火炬，制作短视频宣传低碳生活、水资源保护等；调研汽车材料的变迁，设计未来汽车的材料；为特定年龄或职业的人群设计均衡膳食食谱；在家务劳动（如清洗餐具、正确使用燃气做饭、学做馒头或面包等）中感悟化学原理，绘制反映劳动过程和其中所含的化学原理的思维导图。

九、生物学课程

生物学跨学科实践活动学习主题包括模型制作、植物栽培和动物饲养、发酵食品制作三类。通过主题的学习，学生能够认识生物学与社会的关系，能够理解科学、技术、工程学、数学等学科的相互关系，并尝试运用多学科的知识和方法，通过设计和制作，解决现实问题或生产特定的产品，发展核心素养。

（一）内容要求

真实情境中的问题解决，通常需要综合运用科学、技术、工程学

和数学等学科的概念、方法和思想，设计方案并付诸实施，以寻求科学问题的答案或制造相关产品

1.模型制作类跨学科实践活动

针对特定的生物学内容，运用生物学、物理、技术、工程学等学科概念，以及"结构与功能""尺度、比例和数量""系统与模型"等跨学科概念，选择恰当的材料，设计并制作模型，直观地表征相应的结构与功能，提升探究实践能力。在这类跨学科实践活动中，可供选择的项目如下。

（1）制作可调节的眼球成像模型，提出保护眼健康的方法。根据眼球的结构和成像原理，运用相关学科的知识和方法，选择适当的材料和工艺，制作眼球结构模型和成像模型。模型可用于演示正常眼的成像，展现近视眼、远视眼的成因以及矫正方法。调查班级学生的近视率，撰写调查报告，结合眼球结构和成像原理提出保护眼健康的方法。

（2）制作实验装置，模拟吸烟有害健康。运用多学科的知识和方法自制实验装置，模拟香烟烟雾对呼吸道黏膜的危害；形成吸烟有害健康的观念，自觉拒绝吸烟；学会用科学证据向公众宣讲吸烟有害健康。

（3）设计并制作能较长时间维持平衡的生态瓶。根据水生生态系统的组成，以及"尺度、比例和数量""稳定与变化""系统与模型"等跨学科概念，利用生活中简单易得的透明材料制作装置，装入水、塘泥和不同的水生生物，制作能够维持较长时间的生态瓶。

2.植物栽培和动物饲养类跨学科实践活动

植物栽培和动物饲养可以综合运用多学科的知识和方法，考虑"结构与功能""物质与能量""因果关系"等跨学科概念，设计恰当的装置，以满足生物生长的需要。在这类跨学科实践活动中，可供选择的项目如下。

（1）探究栽培一种植物所需的物理和化学环境条件。根据植物生长发育所需的环境条件，选择适宜的土壤，在土壤中栽培一种植物

（如番茄），定期浇水，适时施肥、松土。观察植物在生长发育过程中的变化，设计表格，记录和交流株高、叶片数量、叶片大小、开花结果的时间和数量等信息。

（2）探究植物无土栽培条件的控制。根据植物生长发育所需的环境条件，选择或设计恰当的装置，利用营养液无土栽培一种植物（如番茄），定期补水、更换营养液、通气。观察植物在生长发育过程中的变化，设计表格，记录和交流株高、叶片数量、叶片大小、开花结果的时间和数量等信息。

（3）探究影响扦插植物成活的生物和非生物因素。根据植物生长发育所需的条件，扦插繁殖、芽的结构与功能等相关概念，选择适于扦插的植物枝条（如月季）和扦插培养基，按照扦插的技术要领和操作规范进行扦插繁殖。同时，定期观察、记录和交流扦插枝条的生长发育情况。

（4）饲养家蚕，搜集我国养蚕的历史资料。根据家蚕的生活史、生活习性、食性、生活所需的环境条件（如温度、湿度）等，利用生活中简单易得的材料设计并制作恰当的装置，饲养家蚕。同时，观察和记录家蚕的生长发育过程，搜集我国养蚕的历史资料。

（5）制作水族箱，饲养热带鱼。选择某种热带鱼，根据其生活史、生活习性、食性、生活所需的环境条件（如温度、溶解氧含量）等，利用生活中简单易得的材料设计并制作水族箱，饲养和繁殖热带鱼，观察并记录热带鱼的生长、发育和繁殖过程。

3. 发酵食品制作类跨学科实践活动

发酵食品的制作可以运用传统的发酵技术来完成；发酵食品的改良需要好的创意，运用多学科的知识和方法，从发酵的条件控制、装置的改进、食材的选择等方面不断尝试。在这类跨学科实践活动中，可供选择的项目如下。

（1）收集当地面包酵母菌种，比较发酵效果。依据酵母菌代谢所需的环境条件、营养来源、产物等相关知识，以面粉、酵母粉为材料，选择特定的厨具，按照发酵技术的操作程序制作馒头或面包，并比较不同酵母菌种的发酵效果。

（2）设计简单装置，制作酸奶。依据乳酸菌代谢所需的环境条件、营养来源、产物，以及蛋白质在不同酸度环境中的状态不同等相关知识，以牛奶、乳酸菌（或酸奶）为材料，选择恰当的容器，按照乳酸发酵技术的操作规范制作酸奶，测定并分析酸奶的酸度和甜度，确定适宜的酸度和糖度范围。

（3）制作泡菜，探究影响泡菜亚硝酸盐浓度的因素。依据乳酸菌的分布、代谢所需的环境条件、营养来源和产物等相关知识，选择或设计便于消毒和密封的恰当容器，依据个人对食品的喜好选择相应的蔬菜（如白萝卜、胡萝卜、芹菜、甘蓝）和配料（如辣椒、花椒），按照发酵技术的操作规范制作泡菜，并测定泡菜的亚硝酸盐浓度，分析亚硝酸盐浓度与原料、腌制方式和时间等因素的关系。

（二）学业要求

（1）根据观察到的生物学现象与生物学相关的现实需求，尝试提出需要解决的生物学跨学科实践问题。

（2）根据研究问题和活动目标，结合相关的科学知识或生活经验，发挥想象力，创造性地利用简易器材，设计可行的研究方案，如确定研究变量、研究步骤等。在条件允许的情况下，可以运用现代技术（如传感器、无线通信、大数据、3D打印等）设计研究方案。

（3）在研究方案的实施过程中，运用恰当的方式收集和记录证据，通过分析证据发现研究中的不足，再通过循环迭代不断改进研究方案或提高产品质量，最终形成解决问题的最佳方案。

（4）撰写实践活动报告，包括活动目标、方案、结果、研究反思等，能够运用恰当的方式（如模式图、曲线图、数据表格、照片等）直观、简洁地呈现实践成果。

（5）通过书面或口头方式分享实践成果，针对他人提出的问题，能够运用证据进行交流和讨论，并在此基础上反思研究中的不足，改进实践方案。

（三）教学提示

（1）将"生物学与社会·跨学科实践"学习主题与其他学习主题的重要概念和学习活动有机整合，可以参照课程标准提供的内容，或结合当地实际情况和课程标准的学习主题灵活进行选题，系统规划跨学科实践的活动顺序和时间安排。

（2）指导学生设计实践活动方案，在合作交流的基础上完善活动方案，并引导学生创造性地利用简易材料解决现实生活中的问题。

（3）引导学生在实践活动的实施过程中，寻求恰当、可利用的物质资源和必要的技术指导，加强小组成员之间的合作。

（4）在教学组织形式方面，可采用课上和课下相结合的学习形式。

（5）在活动过程中，教师应指导学生做好实验室安全、交通安全、环境安全等方面的工作。

（6）在活动结束后，指导学生形成物化的成果及说明，以及实践活动报告，同时对学生的跨学科学习成果进行多元评价。

十、艺术课程

艺术课程在课程理念、课程目标和课程内容等方面体现对跨学科实践的要求。

（一）课程理念

以各艺术学科为主体，加强与其他艺术的融合；重视艺术与其他学科的联系，充分发挥协同育人功能；注重艺术与自然、生活、社会、科技的关联，汲取丰富的审美教育元素，传递人与自然和谐共生理念，促进学生身心健康全面发展。

（二）课程目标

艺术课程要培养的核心素养主要包括审美感知、艺术表现、创意实践和文化理解等。在创意实践方面要求是综合运用多学科知识，紧密联系现实生活，进行艺术创新和实际应用的能力。创意实践包括营造氛围，激发灵感，对创作的过程和方法进行探究与实验，生成独特的想法并转化为艺术成果。创意实践的培育有助于学生形成创新意识，提高艺术实践能力和创造能力，增强团队精神。

在学段目标第一学段（1～2年级）造型美术课程要求能积极参与班级或小组开展的美术与艺术及其他学科相结合的造型游戏活动，初步形成综合探索和学习迁移的能力。在第二学段（3～5年级）音乐课程要求关注社会生活和社会文化中的音乐现象，对音乐与艺术、其他学科，以及个人、自然、生活、社会、科技的联系有初步的了解；美术课程要求能将美术与自然、社会及科技相融合，探究各种问题，提高综合探索和学习迁移的能力。在第三学段（6～7年级）音乐课程要求能从文化的角度理解音乐与艺术、其他学科，以及个人、自然、生活、社会、科技的广泛联系，对社会生活和文化中的音乐现象有自己的看法；美术课程要求能结合校园现实生活创编校园微电影，将不同学科的知识融为一体，增强综合探索和学习迁移的能力。在第三学段（8～9年级）音乐课程要求认识不同艺术的主要表现形式、表现手段和审美特征，理解音乐与其他学科，以及人类生活、社会发展等方面的紧密联系和相互作用；美术课程要求理解美术对个人发展、社会进步及构建人类命运共同体具有独特的作用，进一步提升综合探索和学习迁移的能力；影视课程要求能将影视与其他学科，以及信息科技等课程的学习相结合，将影视艺术思维、数字媒体思维、信息思维、科技思维等进行综合融通，开展创意活动，提升审美和人文素养。

（三）课程内容

艺术课程依据课程目标分学段设置了相应的课程内容，并提出学业要求和教学提示。

十一、体育与健康课程

体育与建康跨学科融合一直是学生提高运动能力、学习健康知识和传承中华传统体育的重要方式和途径。体育与健康课程应融合多门课程,充分发挥育人功能,促进学生全面发展。体育与健康课程的跨学科主题学习主要立足于核心素养,结合课程的目标体系,设置有助于实现体育与德育、智育、美育、劳动教育和国防教育相结合的多学科交叉融合的教学内容。教师可以参照课程标准提供的跨学科主题学习活动和案例进行创造性设计。

(一) 钢铁战士

体育运动与国防教育具有许多共通之处,主要体现在培养学生的爱国主义和集体主义精神,合理运用战略战术和发展体能,强调纪律意识、勇敢顽强、不畏艰难、责任担当等。体育与健康课程和国防教育的跨学科学习,可以结合英雄事迹、历史战役、国防事业发展等内容,组织学生观看阅兵典礼、军事训练等视频资料,模拟战场战斗、救援救护等情境演练,恰当运用《孙子兵法》的战术思维分析体育比赛中"敌我双方"的特点等;帮助学生在主题学习过程中发展体能,运用和巩固适应环境、应对突发事件等技能,提高战术思维和应变能力,培养学生不怕困难、顽强拼搏、敢于担当的高尚品格。学习主题示例,如表2-8所示。

表2-8 "钢铁战士"学习主题示例

水平	学习主题	说明
水平一	小小特种兵	结合中国人民解放军的发展壮大历程等开展国防启蒙教育,在创设的情境中融入走、跑、跳、攀、爬、越等基本运动技能的学练,培养学生不怕困难、勇敢顽强的意志品质,激发学生不怕吃苦的精神

水平	学习主题	说明
水平二	英雄小少年	结合中国人民解放军的优良传统教育,在体能训练中引导学生扮演战士、消防员等不同角色,促进学生理解发展体能的作用,以及所承担角色任务的重要性
水平三	智勇双全小战士	结合国防科普、武装力量和国防建设成就等资料的学习,在对抗性的武术、球类等运动项目学练中创设多变的情境,培养学生的战术思维、预判能力和应变能力
水平四	忠诚的祖国卫士	结合革命先烈的英雄事迹,在田径、体操等运动项目学练中模拟军事训练场景,引导学生灵活运用所学运动技能,培养学生迎难而上、挑战自我的钢铁意志

(二) 劳动最光荣

体育与健康课程和劳动课程的跨学科融合主要体现在身体活动、能量消耗、意志锤炼、责任担当和健康生活等方面。体育与健康课程教学可以运用学生在劳动课程中习得的日常生活自理、个人卫生、生产劳动和职业体验等知识,通过具体的劳动实践促进学生体育与健康知识和技能的学习。体育与健康课程和劳动课程的跨学科学习,可以增强学生的移动性、非移动性和操控性基本运动技能,发展学生的协调性、肌肉力量和肌肉耐力等体能,培养学生的劳动意识和吃苦耐劳、坚忍不拔等优良品质。学习主题示例,如表2-9所示。

表2-9 "劳动最光荣"学习主题示例

水平	学习主题	说明
水平一	自己的事情自己做	结合日常劳动行为,创设生活化的劳动情境,在提高学生基本运动技能的同时,引导学生感受劳动乐趣,爱惜劳动成果,树立自己的事情自己做的意识,培养学生的生活自理能力
水平二	争做小劳模	结合重复性、模仿性较强的体力劳动,宣传劳模精神,创设家务劳动情境,在发展学生体能的同时,帮助学生体会劳动者的艰辛,感受劳动的光荣,提高劳动的意识与能力
水平三	巧手小工匠	结合各种劳动知识,在田径、球类等运动技能学练中创设由简单到复杂的劳动场景,通过多样的运动技能学练活动提高学生的运动技能水平,引导学生体会平凡劳动者的伟大,增强对劳动的认识,形成良好的劳动习惯和品质

续　表

水平	学习主题	说明
水平四	光荣劳动者	结合劳动模范典型事迹,在体操、武术等运动项目学练中创设由简单向复杂再向创造性发展的劳动情境,促进学生勤练、苦练、巧练,培养学生不怕苦、不怕累、干一行、爱一行、钻一行的工匠精神,不断提升学生的实践能力和创新能力

(三) 身心共成长

体育与健康课程和学生的生活实际具有密切联系,不同水平的体育与健康学习深刻影响着学生身心的成长。为了帮助学生认识和把握自己的成长过程,可以结合道德与法治、劳动、科学、信息科技、生物学等内容,通过阅读、演说、绘画、辩论、生活观察、知识探究等活动,引导学生了解身体的结构和功能、不同成长阶段心理和情绪的变化、健康饮食的益处、运动对健康的影响、生活中的疾病防控、保护视力的重要性,以及紧急情况下的自救和互救等基础知识,提升学生的身体认知能力和情绪调控能力,帮助学生形成健康的生活方式,实现身心健康发展。学习主题示例,如表2-10所示。

表2-10　"身心共成长"学习主题示例

水平	学习主题	说明
水平一	会说话的身体	结合道德与法治中"我与他人"等相关知识,通过课外资料阅读、主题班会、海报制作等方式,引导学生关注和了解自己的身体形态和生理机能,树立正确的身体意识和自我意识
水平二	藏在身体里的秘密	结合科学中遗传、生理与健康等相关知识,在预防脊柱侧弯、睡眠等健康教育内容学习中,通过专题讨论、板报制作、主题班会、演讲等方式,帮助学生探索生命现象与成长规律,树立主动锻炼和关注健康的意识
水平三	成长的少年	结合信息科技相关知识,在体能和运动技能学练中,通过建立成长观察、成长记录的电子档案,引导学生关注自我成长中的身心变化及其对运动技能学练的影响,培养学生的观察能力,强化学生的自我意识和健康意识

水平	学习主题	说明
水平四	关注健康、爱护身体	结合科学或生物学中人体呼吸、血液循环、免疫系统等相关知识,在体能和运动技能学练时,创设相关的学习情境,引导学生更好地了解自己的身体和学习健康知识,树立自我保护的意识和掌握相应的方法

（四）破解运动的"密码"

体育与健康是一门基于身体活动的综合性非常强的课程，无论是基本运动技能和体能的学练，还是专项运动技能的学练，在控制身体和运动器械的过程中都涉及多学科知识与技能。为了帮助学生破解运动的"密码"，理解体育的真谛，可以通过观察、演讲、分析、绘图等活动，引导学生了解不同学科知识与方法对运动技能学练和运用的作用，以及运动所蕴含的科学价值和文化内涵，培养学生分析问题、解决问题的能力。学习主题示例，如表2-11所示。

表2-11　"破解运动的'密码'"学习主题示例

水平	学习主题	说明
水平一	妙用体育器材	结合科学相关知识,在运动技能学练中帮助学生了解运动器材和运动装备的基本特征,以及科学知识对运动技能学练的重要性,满足学生的好奇心,培养学生的探究意识和安全运动观念
水平二	脑洞大开的运动	结合数学等相关知识,设计丰富多彩的运动形式和内容,引导学生强化体能,了解机体的功能,主动探究运动的共性与特性,培养学生的逻辑思维能力
水平三	运动的学问	结合科学等相关知识,引导学生在运动技能学练中开展互动交流活动,透过现象看本质,更好地了解运动技能的形成、迁移和遗忘规律,了解运动的科学属性,培养学生的深度学习能力
水平四	给运动插上智慧的翅膀	结合信息科技、物理、数学、化学等相关知识,在运动技能教学中运用移动设备或虚拟现实(VR)技术模拟真实运动情境,帮助学生理解现代科学技术对运动技能学习、运动器材研发的影响,提高学生发现问题、分析问题和解决问题的能力

（五）人与自然和谐美

体育运动是展现人体之美的最佳载体之一，人体在运动中所体现出的蓬勃活力和生命律动能培养学生正确的身体观和审美观。定向越野、水上运动、冰雪运动等在自然环境中进行的体育运动更是兼具锻炼身心和感悟自然的双重价值。在运动认知、体能练习、运动技能学习等活动中，可以运用绘画、音乐、形体表演等艺术形式，以及重心、地理环境、抛物线、动植物等知识，引导学生观察并描述大自然中的各种现象，增进对自然的认识，感受人与自然的和谐之美，体验体育活动的趣味性，加深对运动美的理解，增强热爱自然和保护环境的意识。学习主题示例，如表2-12所示。

表2-12　"人与自然和谐美"学习主题示例

水平	学习主题	说明
水平一	美丽的大自然	结合科学、艺术相关知识，在体育游戏中创设大自然情境，引导学生在发展基本运动技能的同时，了解人与自然的密切关系，在身体活动中接受大自然美的熏陶，提高学生欣赏生活中美的能力
水平二	大自然的神奇之旅	结合科学中生命进化历程和地球结构等相关知识，引导学生在多种身体活动中主动观察自然，感受自然的神奇，提升对大自然的敏感力和直觉力，培养学生发现问题的能力
水平三	做自己身体的雕刻家	结合科学、艺术中人体生理和人体美学等相关知识，在多种运动技能教学中引导学生了解、尊重、珍惜自己的身体，树立正确的身体观和审美观，促进学生主动欣赏美，展示美，表现美，培养学生的创造性思维
水平四	人与自然和谐共生	结合科学、地理等相关知识，在户外运动、定向越野等运动项目的学练中，可以根据实际条件，利用虚拟现实（VR）技术模拟自然情境，促进学生在掌握运动技能的同时，正确认识人与自然的关系，感知科技力量，提升保护环境的意识和责任意识

十二、信息科技课程

(一) 第一学段 (1~2年级)：数字设备体验

1.向伙伴推荐数字设备

在学校、家庭、公园、场馆等学习与生活场景中，学生有机会接触各种不同的数字设备，如触控屏幕、智能手机、计算机、投影仪等。教师可采用模拟推介会的方式，激发学生积极主动发现与尝试各种数字设备的好奇心，引导学生接触、尝试、熟悉数字设备，学生在体验与比较之后，能用自己的语言向同伴推荐自己喜欢或新发现的数字设备，在交流分享中了解更多数字设备的用途。本主题综合运用信息科技、语文、道德与法治等知识，提升学生的信息意识和数字化学习与创新能力。

2.用符号表达情感

学生在与同伴进行交流时，既可以面对面地进行语言交流，也可以通过数字设备发送文字、图片、语音等。本主题引导学生用符号表达情感，如"点赞""笑脸""五星好评"等。让学生根据当时想表达的情绪，选择合适的一个或一组表情符号、图形符号等进行情感表征。本主题综合运用信息科技、语文、艺术等知识，让学生感受表达真实情感的不同方式，创造性地完成跨学科主题学习活动。

3.信息管理小助手

从生活中书桌表面的整理，到数字设备中图片、音频、视频等文件的整理，学生通过本主题学习活动形成新的意识与习惯。学生知道数字设备中的文件有些可以根据时间、地点以及格式类型进行自动分类，但这些自动分类的方式不能满足所有需求。学生能有意识地对文件进行合理分类、妥善保存、快速提取，成为信息管理的主动参与者。本主题综合运用信息科技、数学、语文、道德与法治等知识，提升学生的信息意识。

4.信息安全小卫士

学生在使用数字设备进行开机或登录平台时，逐步了解数字设备的权限功能。学生通过对密码的初步了解，认识到有些重要信息需要进行保护，不能轻易将密码告诉他人。有条件的学校，通过使用智能可穿戴设备（如智能手环、智能衣物、智能纽扣）、智能电子设备等，开阔学生视野，使学生理解位置信息定位的价值与信息安全的重要性。学生通过扮演信息安全小卫士，体验"我的数字设备我做主"等学习活动，加深对信息安全与个人隐私保护的体会。本主题综合运用信息科技、道德与法治、语文等知识，提升学生的网络安全意识。

（二）第二学段（3~4年级）：数据编码探秘

1.在线学习小能手

开展在线学习过程中，学生能运用文字或图示描述问题与任务，在线分派任务、交流观点、协作编辑、发布成果。通过在线学习的活动，学生能体验在线进行信息搜索、信息整合、信息加工的过程，体验线上线下学习的不同方式，初步总结自己在线学习经验，并能与同伴分享在线学习体会。本主题综合运用信息科技、语文、数学、科学等知识，实现不同课程学习主题与在线学习方式的融合。

2.自我管理小管家

随着身边的数字设备不断增多，学生开始在不同活动中选用不同类型的数字设备。在跨学科主题学习活动中，学生能用数据可视化的方式展示数字设备的使用时间，思考不同类型数字设备的用途；学会主动采用数字设备中自我管理的相关功能，如设置提醒闹钟、开启定时锁屏功能、自定义使用规范等；认识到需要加强对自己数字身份的保护与管理，提升自我管理的能力。本主题综合运用信息科技、数学、道德与法治等知识，提升学生的信息社会责任。

3.用数据讲故事

通过生活中的场景，学生尝试发现背后的数据。例如，人们对气温的直观感受是冷热变化，若用数据表示则是具体的温度数值。学生可以寻找更多真实情境，观察、记录其中的相关数据，借助数据进行预测和分析，并尝试用数据讲故事。本主题综合运用信息科技、数学、语文、科学、艺术等知识，提升学生的科学思维能力，以及表达与交流能力。

4.用编码描述秩序

我们所处的世界，不仅数据无处不在，编码也是如此。常见的公民身份号码就是在一码规则下产生的，还有座位号、条形码、二维码等，都离不开编码。在跨学科主题学习活动中，学生从编码的视角看待学习与生活中的事物，寻找给事物编码的其他实例。例如，小组合作尝试制订一个简单的编码规则，用可视化的方式解释该编码规则及作用。本主题综合运用信息科技、数学、科学、语文等知识，让学生体会数据与编码在真实情境中的应用，进一步理解编码对世界秩序的影响。

（三）第三学段（5～6年级）：小型系统模拟

1.游戏博弈中的策略

生活中有各种各样的游戏，如"剪刀、石头、布"，在游戏背后都有相应的规则，规则本身也可以用算法表示。游戏博弈过程中的输赢比拼，可以采用顺序、分支、循环等基本控制结构进行算法表示。例如，多人轮流在一堆火柴棒中进行取火柴棒的博弈游戏，每人每次可以取走1～3根火柴棒，看哪位同学取到最后一根。学生可以根据游戏规则，进行算法的策略设计。本主题融合了信息科技、数学等知识，提升学生的计算思维。

2.解密玩具汉诺塔

生活中有很多玩具来自古老的问题，如益智玩具汉诺塔。汉诺塔一共有三根银针，在其中一根银针上有从上到下、由小到大的若干金片，要求把所有金片全部移到另一根银针上，并且金片仍然按照从上到下、由小到大的顺序排列。规定在三根银针之间移动金片时一次只能移动一个金片，并且小金片上不能放大金片。通过将抽象问题具体化的游戏，学生可以在其中感受算法的魅力，并迁移到其他生活场景的类似问题中。本主题综合运用信息科技、数学等知识，提升学生的计算思维。

3.小型开关系统

过程与控制系统在生活中很常见，如洗漱过程中，随着热水的消耗和冷水的注入，热水器里的水温度降低，当温度降低到一定程度时热水器会自动启动加热功能，这个过程就体现了通过反馈实现的过程与控制。同样，生活中存在各种由开关控制的装置。在本主题学习活动中，学生可以通过小组合作，搭建一个简易的小型开关系统，可以通过实物实现，也可以模拟连接组建。例如，学生可以通过小组分工协作，根据生活场景所需，对声控开关系统进行迭代设计。本主题综合运用信息科技、数学、科学等知识，提升学生的综合实践能力。

4.小型扩音系统

过程与控制系统可以实现对连续量的处理，如生活中水龙头拧紧的程度可以持续变化地控制水流的大小。学生可以尝试观察生活场景中的多种设备，采用相关模块硬件设备或在线上空间中模拟实现一个小型扩音系统。该系统可以连续地根据真实情境的需求，控制音量的大小。本主题综合运用信息科技、数学、科学等知识，提升学生运用过程与控制的系统方法发现问题、解决问题的能力。

（四）第四学段（7~9年级）：互联智能设计

1.向世界介绍我的学校

互联网能让身处世界各地的人相互了解，学生热爱自己的学校，希望向世界介绍自己的学校。学生可以综合运用不同媒介和社交媒体的表现方式，研究与对比不同数字化表现方式的功能和价值，通过编写学校互联网百科词条、创作学校相册、拍摄学校创意短视频、创建和运行维护学校社交媒体、发布学校网页等多种方式介绍自己的学校，也可以结合时代发展分享对学校的未来规划与设计，向世界介绍自己理想中的未来学校。本主题综合运用信息科技、语文、英语、艺术等知识，让学生充满创意地完成该学习活动任务。

2.无人机互联表演

互联网、物联网的不断发展为现实生活创造了诸多新思维、新模式、新方法、新平台。通过实物或平台模拟，学生进行无人机群组控制，感受新兴技术在各行各业中的应用创新，体会无人机对于智能交通、智能灌溉、智能运输的作用。通过教师引导，学生以小组合作的方式，分析无人机互联焰火表演的案例，并试着提出自己的新方案，感受物联网对未来的潜在影响。本主题综合运用信息科技、数学、物理、地理等知识，让学生体会信息科技带来的变革，感受科技自主可控创新和原始创新的重要性。

3.在线数字气象站

天气预报是我们获取气象信息的主要途径，但是一个城市或区域的天气预报对校园这种小气候环境来说可能不够准确。通过物联网技术制作在线数字气象站，可以很好地解决这个问题。学生通过数字气象站中的各种传感器实时描绘校园气象的信息状态，探寻数据的变化规律，尝试得到一般性的结论；还可以将区域间多个数字气象站的信息进行汇总，发现更多的规律。本主题综合运用信息科技、地理、物理等知识，让学生感受在较长时间、较大空间和大量数据环境下提取有效信息、发现规律的一般过程。

4.人工智能预测出行

人工智能正在对人们的学习、生活与工作，特别是解决问题的思维方式产生深刻影响，学生可以从感兴趣的问题出发设计活动，如预测在不同天气条件下，同伴会选择何种交通工具来到学校，采用多种方式收集多组数据，建构多维度数据集，初步运用人工智能的方式对同伴出行的交通工具进行预测。本主题综合运用信息科技、数学、物理、化学、生物学等知识，贴近学生生活，并能迁移到其他更多相似的场景应用中。

5.未来智能畅想

智慧社会初见端倪，互联网、物联网和人工智能等信息科技对学习、生活、工作的影响正在扩大。通过跨学科主题学习活动，学生以小组合作的方式，立足环境变化、经济变化、能源变化等挑战性问题，大胆设想目前还没有实现的人工智能应用场景，畅想未来智能场景，设计未来智能产品方案，形成方案可行性评估报告。教师可以采用产品方案模拟融资会、招标会、拍卖会等互动方式，运用多元评价，促进学生将发散思维与科学求证有机结合，促进科学与艺术的深度融合，引导学生正确认识人工智能对社会的影响，形成人工智能伦理、自主可控创新的意识。本主题综合运用信息科技、数学、物理、化学、生物学等知识，让学生跨学科思考，形成综合思维与创新意识。

第三章

学科核心素养的养成与跨学科实践的逻辑关系

那种把学科与学科之间界限划得很严、各种专业分工过细、互不通气的孤立状态必须打破。

——钱伟长

理解跨学科研究中学科的角色是理解跨学科的关键。

——纽厄尔

基础教育课程改革以来，伴随着教育理念的发展变化，我国对普通高中及义务教育课程方案和课程标准进行了多次修订。《义务教育课程方案和课程标准（2022年版）》是21世纪以来颁布的第三版义务教育课程标准。"育人"与"育知"是教育改革发展中永恒的话题，体现了学生中心主义与学科中心主义的辩驳与抗衡。21世纪以来的三版课程标准是基础教育理念发展的体现，也是学科教育发展进步的表征。本次改革在义务教育阶段系统确立起"核心素养"理念，确立16门学科总计64个"学科核心素养"。这是否意味着义务教育课程改革重新回到"学科本位"？如果不是，"学科核心素养"与"跨学科实践"是什么关系？厘清学科核心素养的养成与跨学科实践的逻辑关系成为一个重要的问题。

第一节　学科核心素养与跨学科学习

本轮义务教育课程改革的一大特色是将课程目标定位于培养学生的"学科核心素养"，并进而确立"素养为纲"原则与"核心素养"理念。"素养"的本质是解决真实问题的能力；"核心素养"的本质是适应信息时代或数字化时代需要的高级能力与道德品质；"学科核心素养"的本质是运用学科思维或学科理解力解决真实问题的高级能力与道德品质。因此，"核心素养"理念就是"未来教育"理念：受过教育的人是创造未来的人，能够综合运用知识、技能、态度不断解决新问题，创造新思想的人。"素养为纲"原则意味着课程、教学、评价、管理诸方面均需围绕培养学生的高级能力和道德品质实现整体重建。

学科核心素养与跨学科学习具有怎样的关系？如何理解？

一、学科核心素养蕴含着跨学科学习

"素养"作为一种解决真实问题的能力，本身具有整体性、综合性、跨学科性。素养蕴含着能动性、行动和价值的意义。它关注完成真实世界任务和多元认识方式。例如，认识如何做事；认识自我和自己的愿望，或者认识事物为什么重要，以及认识事物本身。

素养理论主张学习是一种主动性和创造性实践，建构个人真实意义和理解，并且调节自我。素养是道德的、负责任的创造能力。素养是个人自由。自由与创造意味着跨越边界去思考和行动，必然蕴含"跨学科性"。任何一门学科，只要将其学科形式或结构用于解决真实世界问题，必然要跨越不同学科彼此间的界限，以及真实世界的界限，才能解决真实问题，完成真实任务。真实世界具有整体性，因此植根于真实世界和真实情境的学科核心素养也必然具有整体性。

二、跨学科学习植根于学科核心素养

跨学科学习是整合两种或两种以上学科的观念、方法与思维方式以解决真实问题。产生跨学科理解、运用学科思维、实现学科整合是"跨学科学习"的基本特点和判断标准。

跨学科学习是培养学生核心素养或创造能力的基本学习方式，其重要性不言而喻。但是，跨学科学习本身面临巨大危险与挑战，即当缺乏真实问题和真实世界任务，学生不能产生"跨学科理解"和创新性观念，仅仅为"跨"而"跨"、为"综合"而"综合"，由此导致臆造的学科联系与散乱的学习经验。在这种情况下，跨学科学习完全流于形式，沦为"学科拼盘"。这样的"组合式"机械跨学科由于破坏了学科原有的逻辑联系，其课程内容仅限于"常识水平"或"前学科水平"，学生学习起来则味同嚼蜡、了无兴趣，教师教学也了无新意、徒增烦恼。超越这种困境的唯一出路是让跨学科学习植根于学科核心素养，即根据真实问题、真实任务的需要，帮助学生运用学科思维解决问题、完成任务，由此自然而然地实现学科与生活情境的融合、不同学科之间的合作。实施跨学科学习非但不是牺牲学科思维，反而是为了更好地实现学科核心素养。

三、学科核心素养与"跨学科素养"相得益彰

体现每一门学科的"领域特殊性"和相对独立性的素养即"学科核心素养"，如"语文核心素养""化学核心素养""体育核心素养"等。超越学科边界以及学科与生活边界，渗透于人的所有活动和行为中，具有"一般性"的素养，即"跨学科素养"。跨学科素养可根据其适用普遍性的程度作出进一步分类，如众所周知的"21世纪4C"（交往、协作、创造性思维、批判性思维）是最普遍的"跨学科素养"，而"科学素养""人文素养"的普遍性则相对低些，分别渗透于科学学科和人文学科领域。

学科核心素养与"跨学科素养"相互作用、相辅相成：前者指向专家思维的形成，如加德纳所说，学科是过去两千年间人类最伟大的发明，只有通过理解和应用学科，人才能形成信息时代所需要的专家思维；后者指向自由人格与健全公民的形成，人只有能够超越自己所熟悉的学科和专业而思考，才能保持心灵的自由，拥有想象力和创造性。在"跨学科素养"的肥沃土壤上发展"学科核心素养"，并通过"学科核心素养"的纵深发展带动"跨学科素养"走向深入，由此形成信息时代的自由人格——"自由专家"。跨学科学习的直接目的是培养学生的"跨学科理解力"和"跨学科素养"，也间接推动了"学科核心素养"的发展。

第二节　跨学科学习走向学科实践

　　本轮义务教育课程改革的特点是：变革育人方式，突出实践。即要求加强课程与生产劳动、社会实践的结合，充分发挥实践的独特育人功能；突出学科思想方法和探究方式的学习，加强知行合一、学思结合，倡导"做中学""用中学""创中学"；优化综合实践活动实施方式与路径，推进工程与技术实践；积极探索新技术背景下学习环境与方式的变革。

　　要做到"做中学""用中学""创中学"即要基于学科实践实现课堂教学与学习方式的重建。将学科思想方法植入真实问题情境，让学生运用学科思维，亲历学科实践，生成学科素养。所谓学科实践，即学科知识的发明、创造与应用的实践。它是一个学科领域的专家从事学科探究的典型实践。学科实践方式既是课程内容的有机构成，也是教师教学和学生学习的基本方式。让学生亲身经历学科知识的诞生和应用过程，像学科专家那样去思考，走出掌握"间接经验"的误区，是发展学生学科核心素养的关键。任何学科的发明与创造首先是学科专家或科学家的个人实践，包括其技能与方法、判断与评价、理解力与鉴别力、信念与情感、风格与个性等。个人实践所体现的是学科专家的"个人方法"或"个人知识"。同一个学科领域，如生物学，尽管不同生物学家有不同的个人风格与实践，但其研究方法、技能与实践必然存在共性，体现本学科领域的普遍性，这种一个学科领域的普遍实践即为"学科实践"。

　　《义务教育语文课程标准（2022年版）》提出了"阅读与鉴赏""表达与交流""梳理与探究"三种典型语文学习活动或实践，要求教师创设学习情境，应利用无时不有、无处不在的语文学习资源与实践机会，引导学生关注家庭生活、校园生活、社会生活等相关经验，增强在各种场合学语文、用语文的意识，建设开放的语文学习空间，激发学生探究问题、解决问题的兴趣和热情，引导学生在多样的日常生活场景和社会实践活动中学习语言文字运用。

《义务教育数学课程标准（2022年版）》提出以解决实际问题为重点，以跨学科主题学习为主，以真实问题为载体，适当采取主题活动或项目学习的方式呈现，通过综合运用数学和其他学科的知识与方法解决真实问题，着力培养学生的创新意识、实践能力、社会担当等综合品质。

《义务教育英语课程标准（2022年版）》要求教学设计与实施要以主题为引领，以语篇为依托，通过学习理解、应用实践和迁移创新等活动，引导学生整合性地学习语言知识和文化知识，进而运用所学知识、技能和策略，围绕主题表达个人观点和态度，解决真实问题，达到在教学中培养学生核心素养的目的。针对应用实践类活动，要求教师把握描述与阐释、分析与判断、内化与运用等深入语篇的学习活动。在学习理解类活动的基础上，引导学生基于所形成的结构化知识开展描述、阐释、分析、应用等多种有意义的语言实践活动，内化语言知识和文化知识，加深对文化意涵的理解，巩固结构化知识，促进知识向能力的转化。从学习理解类活动到应用实践类活动的进阶既可以一次完成，也可以多次循环完成。

《义务教育道德与法治课程标准（2022年版）》要求丰富学生实践体验，促进知行合一。提出教学要与社会实践活动相结合，加强课内课外联结，实现隐性课程与显性课程相配合；注重案例教学，选择、设计和运用个人和社会生活中的典型实例，鼓励学生探究、讨论，提高学生的价值辨析能力。案例选择的关注点是：一要坚持正面引导为主；二要紧扣时代主题，反映学生关注的现实问题；三要具有真实性、典型性、可扩展性，能够服务核心素养的培育；四要关注学生的认知水平和接受能力，具有一定的感染力和说服力，能够引起共鸣。教学上要积极探索议题式、体验式、项目式等多种教学方法，引导学生参与体验，促进感悟与建构；要采取热点分析、角色扮演、情境体验、模拟活动等方式，引导学生开展自主探究与合作探究，让学生认识社会；通过参观访问、现场观摩、志愿服务、生产劳动、研学旅行等方式走向社会，增进学生对国情、社情、民情的了解，增强爱国情感；鼓励学生在社会实践中扩展自己的视野，提升自己的能力，学以致用，知行合一。

《义务教育历史课程标准（2022年版）》要求注重历史与现实的关系，将学科知识与社会问题的解决联系起来，借助历史资源的丰富多样性，为学生提高创新精神和实践能力搭建多维度的平台，提供多样化的学习途径，运用各种手段，使学生在解决问题的过程中得到多方面的发展；要求教学活动的类型应丰富多样，可开展课堂讨论，组织辩论会，编演历史剧，举办故事会、诗歌朗诵会、成语比赛、讲座、专题论坛、读书交流会、学习经验交流会等，进行历史方面的社会调查，采访历史见证人，参观博物馆、纪念馆及爱国主义教育基地，考察历史遗址和遗迹，观看并讨论历史题材的影视作品，制作历史文物模型，撰写小论文，编写家庭简史、社区简史和历史人物小传，编写历史题材的板报、通讯，举办小型历史专题展览，设计历史学习园地的网页等。

《义务教育地理课程标准（2022年版）》提出教学活动要强化基于真实体验的地理实践活动。教师要努力创造条件，组织学生开展地理实践活动，如地理实验、社会调查和野外考察等，使学生有机会在真实环境中经历体验式学习。七年级、八年级至少组织一次户外地理教学实践活动。地理实践活动的设计和实施要与课程内容相结合，让学生体验"认知—实践—深化认知"这一完整的地理实践过程。要尊重学生在地理实践活动中形成的个性化感悟、感知和价值判断，帮助学生在个人体验的基础上逐步提升核心素养。地理实践活动要培养每个学生的动手操作能力，给学生自主设计和实施活动方案的机会，在保障安全的前提下，帮助学生利用各种地理教学资源，开展户外观察、观测、讨论、展示等活动。有条件的地区，不同学校的教师可合作探索地理实践户外基地的建设，以便统筹人力、物力以及活动场所，增加地理实践活动开展的可行性。地理实践活动多与跨学科知识应用有关，地理教师可以与其他课程教师共同开展跨学科主题学习实践活动，为学生提供综合运用多学科知识解决问题的机会。

《义务教育物理课程标准（2022年版）》要求确保物理课程实践活动教学质量。教师要规范物理实验教学，演示实验教学应注意引导学生观察实验现象，启发学生积极思考和交流。实验教学应引导学生自主进行实验，并鼓励学生用生活中的常见物品做实验。测量类实验教学应引导学生了解测量原理，学习实验操作技能。探究类实验教学应以学生为主体，注重探究过程，激发学生兴趣，培养学生问题解决能力和创新精神。实验教学要关注实验原理的科学性、方案的可行性、实验器材的合理性、操作的安全性和规范性；指导学生真实、全面记录实验数据，关注与预设结果相矛盾的信息；引导学生针对实验活动中的困难或错误自主分析原因，积极思考并努力解决；引导学生对实验活动进行总结和评价，促进学生交流、评估、反思能力的提升。

《义务教育化学课程标准（2022年版）》要求充分认识化学实验的价值，积极开展科学探究与实践活动。以实验为基础是化学学科的重要特征，化学实验对全面发展学生的核心素养有着极为重要的作用。建议教师在教学中高度重视和加强实验教学，充分发挥实验的教育功能。通过化学实验激发学生学习化学的兴趣，创设生动活泼的学习情境，帮助学生理解和掌握化学知识和技能，引导学生学习科学方法，发展学生的科学思维和创新意识，培养学生的科学态度与责任。教师应认真组织学生完成必做实验，重视培养学生有关物质的制备、分离、提纯和检验等实验基本技能，引导学生树立安全意识，严格遵守实验室安全规则。有条件的学校尽可能多地为学生提供动手实验的机会，条件有限的学校可采取演示实验或利用替代品进行实验，鼓励实验的绿色化设计，开展微型实验。注重发挥现代信息技术的作用，积极探索现代信息技术与化学实验的深度融合，合理运用计算机模拟实验,但不能用来完全替代真实的化学实验。学生要积极开展科学探究与实践活动。科学探究是一种重要的科学实践活动,是化学课程要培养的核心素养不可或缺的组成部分。教师应充分认识科学探究对促进学生核心素养发展的独特价值,根据学生认知发展水平,精心设计探究活动,有效组织和实施探究教学。在教学中,教师可以采用多种探究活动形式,提倡以小组为单位合作开展探究活动。探究教学要讲究实效,不能为了探究而探究,避免探究活动泛化和探究过程程式化、表面化;把握好探究的程度和水平,避免浅尝辄止或随意提高知识难度的做法;处理好教师引导探究和学生自主探究之间的关系,避免出现探究过程中教师包办、代替或对学生"放任自流"的现象。教师应统筹规划教学时间,选取合适的活动主题,保证跨学科实践活动课时的有效落实;积极引导学生亲身经历创意设计、动手制作、解决问题、创造价值的过程,增强学生认识真实世界、解决真实问题的能力。

《义务教育生物学课程标准(2022年版)》要求重视在教学过程中渗透科学、技术、社会相互关系的教育,积极组织开展跨学科实践活动,着力培养学生社会责任感、创新精神和实践能力。在教学过程中,应重视通过具体事例展现社会需求驱动生物科学、技术和工程学的发展,生物科学发展催生新技术的出现,技术、工程学进步促进生物学研究的发展,以及科学和技术影响社会发展。教师应引导学生通过图书、报刊、音像和网络等多种媒体主动了解更多相关信息,深化对科学、技术、社会紧密联系的认识;应促使学生关注现实生活中的相关问题,关注和参与社会性科学议题的讨论,践行并宣传健康的生活方式,参与保护环境的行动,抵制伪科学和迷信等活动。

《义务教育艺术课程标准(2022年版)》提出教师要以任务、主题或项目的形式开展教学,将知识、技能嵌入其中,通过综合性、创造性的艺术实践活动,促进学生深度理解知识、技能,提升综合能力。教师引导学生联系自己的家庭、社区、家乡等,发现问题,综合运用艺术及其他学科的知识、技能和思维方式,创造性地完成艺术作品或解决问题，提升创造能力和问题解决能力。教学过程中营造开放的学习情境，引导学生亲近自然、感受生活，让学生全身心地参与其中，焕发积极情绪，获得审美直觉和美感体验，指导学生通过欣赏艺术作品感知世界，体验情感，实现与艺术形象的共情；鼓励学生在情境中感知形象，迸发创意，运用艺术语言和方式表现自然美、社会美与科技美，体验创造的喜悦和自我实现的愉悦，提升实践能力、创造能力和审美能力。

《义务教育体育与健康课程标准（2022年版）》要求教师设计目的明确、内容丰富、情境真实、方法多样、互动良好的完整学习活动，将"学、练、赛"有机结合，引导学生在充分动起来的过程中享受运动乐趣，形成丰富、深刻的运动体验，在做中学、学中思、思中得。教师要创设多种复杂的运动情境，根据学习目标、教学进度等引导学生在对抗练习、体育展示或比赛等真实、复杂的运动情境中获得丰富的运动体验和认知，提高技战术水平和体能水平，培养学生良好的体育精神、体育道德和体育品格。教师要采用多样化的教学方式方法，在教学中，要将教师示范讲解与学生自主学练、合作学练和探究学练有机结合，将集体学练、分组学练和个体学练相结合，引导学生积极思考，主动探索，自觉实践，培养学生分析问题和解决问题的能力及创新意识。

《义务教育信息科技课程标准（2022年版）》要求注重以科学原理指导实践运用。强化信息科技学习的认知基础，注重基本概念和基本原理学习。探索"场景分析—原理认知—应用迁移"的教学，从生活中的信息科技场景入手，引导学生发现问题、提出问题，在已有知识基础上分析、探究现象的机理，学习、理解相应科学原理，尝试用所掌握的原理解释相关现象或解决相关问题。这些学科实践即构成学生的基本学习方式和教师的教学方式。

美国《K-12科学教育框架》规定了8种科学与工程实践，包括：提出科学问题并界定工程疑难，开发并运用模型，规划并执行探究，分析并解释数据，运用数学与计算思维，建构科学解释并设计工程方案，投入基于证据的论证，获取、评价并交流信息。这些"实践"横跨所有的科学与工程学科。跨学科学习即学生在教师指导下从事"跨学科实践"的过程。该过程包括：根据所确定的跨学科主题和跨学科观念创设真实实践情境；根据实践情境的需要选择或创造恰当的"跨学科实践"；在学生系统从事"跨学科实践"的过程中有意识加强相应学科的独特"学科实践"，以增强跨学科学习的深度。

第四章

跨学科实践课程的建设

知识的重新组合也就是创新。

——袁闯

组合能力似乎是创新性思维的本质特征。

——爱因斯坦

2022 年版义务教育课程方案和各学科课程标准中强调了各个学科与跨学科实践学习主题。例如，生物学就是以"真实情境中的问题解决，通常需要综合运用科学、技术、工程学和数学等学科的概念、方法和思想，设计方案并付诸实施，以寻求科学问题的答案或制造相关产品"组织教学活动，开展模型制作、植物栽培与动物饲养和发酵食品制作三类跨学科实践活动。课程开发和建设是跨学科实践活动开展的关键。这些课程活动如何设计的问题就摆在了我们面前。

第一节　跨学科课程建设的原则

跨学科课程不等于各科知识简单叠加，而是通过知识凝练，提炼主题，提出真实问题，以此驱动学生通过自主探究学习，提升综合素养。从广义的跨学科概念来说，无论是边缘学科课程、交叉学科课程，还是综合课程、整合课程，都可以归类为跨学科课程。从狭义视角来说，只有整合课程或综合课程才是真正意义上的跨学科课程。学科间的联系是多方面、多层次的，这就需要我们在跨学科课程建设中要有具体明确的原则。

一、学科知识整合

科学知识来自对自然现象的探讨，应用于解决生活中的问题。无论自然现象或生活中的问题都很难用单一学科知识进行解释或解决，因此跨学科领域建设需要关注学科知识整合取向。

（一）知识同类和互补性原则

跨学科课程知识要避免表面跨学科但实质"拼盘化"现象。许多教师为了完成跨学科任务,强行在学科之间"搭桥",造成似是而非的"跨学科"。例如,英语教师用纸杯制作手工动物作为教具,引导学生在展示与制作手工过程中说英语,就被称为英语与艺术学科的"跨学科教学"。这种教学的杂糅化,忽视了跨学科教学的本质是基于问题实现学科之间的融通,而仅停留在形式层面的跨学科上。

跨学科课程要找到知识的同类性加以整合。例如,美术作品和音乐作品都能表达情感,在情感方面美术与音乐能达到互通。美术作品通过其画面的元素、风格等表达着作者的情感;音乐作品通过音符、旋律等来表达情感,只是作用的媒介不同而已。又如美术手绘地图的绘画,与地理学科的地图绘制有着同类性,知识可以达到互通,进而开发成课程来综合的教导。学生面对多元化知识的兴趣会提升,对知识的理解也会大有帮助。

此外,知识也需要考虑一定互补性。互补性是心理学的概念,在跨学科课程建设中,将不同学科知识列为互补关系。

(二) 知识创新性原则

跨学科课程是教师在对知识的整合下重新开发的不同于单一学科的课程,跨学科课程内容要求教师丰富的学科知识,以及跟随潮流的新观念、新思想,来更好的给学生开发出跨学科课程的学习。知识创新性原则要求跨学科课程创设知识探究情境。学生自主探究的过程,是其把已经掌握的知识迁移到新的情境中,获得新的知识意义的过程。在这个过程中,学生需要综合各种信息来思考,发掘其中的知识关系,建立新的知识关联,整个过程就是分析、运用、创造、质疑、思辨的过程。教师在整合跨学科课程时,需要为学生创建合适的自主探究情境,或者是让学生自行推理,或者是让学生从一般原理走向具体问题,使其在探究概念或解决问题的过程中,开展复杂思维活动。

例如,以"人类的起源与进化"为载体,联系地理"认识地区"中人种分布相关知识,融合《西游记》中孙悟空形象的探讨,最后落实到语文写作。人类的起源与进化包含了两部分内容人猿同组和人类进化的主要历程。跨学科活动的设计在智人阶段最后只提到一句智人最终进化为现代人类。学生对这个知识点似懂非懂，为了让学生的认知不要停留在智人阶段，课堂上需要从进化的观念与思想穿插现在人类的基本状况，同时为了课堂不冗杂，也为了学生便于理解，需要回忆各地区人种的分布特点，使学生能够带着进化的思想看问题，带领学生分析各地区人种分布的原因。在学习到智人阶段后，教师引导学生进一步推理人类的进化，把视角转向今天地球上的人类，然后回忆地理知识，分析人种分布成因，这是一个特别复杂的问题，初中学生不能彻底解决，那么教学旨在让学生用学过的生物与地理知识甚至历史知识。

二、生活经验整合

注重知识的社会功能，是基于学生的需求。跨学科课程的设计中需要把多学科知识融入有趣、具有挑战性、与学生生活相关的问题中。问题和活动的设计要能激发学生内在的学习动机，问题的解决要能让学生有成就感，因此要与学生的生活经验整合，才会体现趣味性，有利于发展学生的团队技能，有利于教授交叉课程概念和科学内容主题。以第三次工业革命为代表的知识经济的核心是整合多学科知识，然后以项目设计与实施为载体，将学术性的学科知识转化为可解决实际问题的生活性知识。基本做法是从儿童适应社会的角度选择典型项目进行结构化设计，让学生在体验和完成项目的过程中，习得蕴含于项目之中的多学科知识与技能，或从改造和完善现有社会的角度，选择挑战性项目。

(一) 真实情境原则

真实问题的研究与解决真实合理的情境是学习的重要一环。在情境中解决真实的问题，可以帮助学生明晰学习目的，进而提高学习兴趣。在跨学科课程设计实践中，很多教师都觉得现实情境中的真实问题难以寻找。根据国内学校构建跨学科课程的经验,有以下几种常见角度。

第一,有效利用国家课程标准或重要知识点。课程标准呈现的是各个学科重要的能力范畴,涉及项目实施操作中的相关知识、技能、方法、策略的目标要求,如开展语文与其他学科结合的跨学科写作课程,可写各种主题、话题的研究报告或者小论文。

第二,利用网络搜索。目前,许多网站有针对各个年级、各个学科开展得十分成熟的项目介绍,可以借此激发灵感,形成自己的跨学科研究选题,如研究水果电池、太阳能应用、3D打印、Arduino、传感器与物联网等。

第三,联系人们的日常工作。跨学科学习的核心目标是以解决日常生活中最实际的问题为出发点,因此要把关注点聚焦到校园外的社会环境下,寻找人们在各行各业工作时遇到的实际问题并给予解决办法,如桥梁的设计与搭建、能源的生产与使用等问题。

第四,结合当地或国家大事。跨学科的项目学习,要培养学生关注国家大事、城市大事、身边大事,如怎样更好地向宣传垃圾分类,实现校园内的垃圾分类与回收。

第五,结合服务于社区的理念,调研一些政府、高校、非营利机构、公司,从他们现阶段的需求中寻找跨学科项目灵感。例如,从身边人的健康问题想到如何寻找并引导人们健康的生活方式,学校有一半的同学戴眼镜,科学家发现了引力波等。这些真实的事件都可以提炼出非常好的研究主题作为课程选题。

(二) 大概念原则

学科不扎实,跨学科也就无从谈起。学科之所以自成体系,是因为其具备完整的知识架构和研究方法,这是完成跨学科的基础。因此,即便是跨学科课程,其涉及的学科核心概念与研究方法也必须是严谨的、经得住推敲的。对于跨学科课程而言,除了学科内容精准、选题真实外,还要利用学科间的大概念来支撑。大概念是指能够用于解释和预测较大范围自然界现象的概念，反映学科本质，具有高度概括性和抽象性。温·哈伦在《科学教育的原则和大概念》一书中就明确提出了科学教育的 14 个大概念，如"科学的应用经常会对伦理、社会、经济和政治产生影响"就是一个大概念。与此相对应，我们很容易在美国的初高中学校发现学生在研究《寻找替代能源》《医学发展和立法以及社会伦理的关系》等研究课题。

大概念对解决相关问题有广泛的指导作用和对学习的引领作用。大概念是有组织、有结构的知识和模型，能为学生提供一个认知框架。借助这个认知框架，学生不仅能够沟通各个事实、经验、概念之间的内在联系，而且能够在一个连续的整体中理解各个事实、经验、概念的意义，促进学生持久记忆、深度理解和广泛迁移。大概念还蕴含着人们对于自我、自然和社会的价值观念。

生活经验与社会取向课程整合一般以实践性的项目完成为核心，将跨学科的内容、高级思维能力发展与真实生活环境联系起来。项目学习一般以开发最终作品或"人工制品"为出发点。学生按自己的设计思路，采用科学的方法完成作品设计。作品设计是项目学习贯穿的主线和驱动力，学生在完成作品的过程中进行检索、讨论、演算、设计、观察等学习活动，并解决一个或多个问题，从而获得知识和技能。作品制作是学习的重点，但更为重要的是学生在制作作品过程中获得跨学科的知识和技能，并获得创造性运用知识的社会性能力。

跨学科课程并非只强调学科知识的掌握，还侧重对课程内容以外知识的体验与经历，旨在丰富学生对事物的认识，注重生活经验知识、思维的增长和提升。整个课程的学习过程应真实可信，是反映真实情境和现实生活的体验性活动，体现将学术性学科知识转化为素养价值取向。

（三）创建开放性原则

生活中存在复杂程度不同的情境，简单情境很容易为学生所理解，而复杂情境则需要学生整合相关概念和原理、灵活运用理论或方法才能深刻理解。教师在跨学科课堂教学中，可以创建复杂的生活情境，使学生通过综合思维和深度思维理解情境。这里所指的复杂情境可以从以下三个方面来理解：一是指情境中包括多领域知识，学生认识和理解情境的过程也是其对情境信息进行综合的过程。当问题情境中涉及多学科知识信息，且需要学生深度理解时，学生自然会进行复杂思维活动。跨学科课程教学的重要目的是让学生具备综合多种问题信息的能力，课程设计者要使所建构的问题情境中的知识内容适当多元化。二是指情境中的信息比较复杂，既要使问题情境信息的提供更加隐秘，也要使信息之间的关系表述更加委婉。三是指还要深加工情境资源。为了使学生更多地进行复杂思维活动，课程设计者要广泛应用班级、校内及家庭等各方面的资源，把各种资源深度整合在一起，使学生通过复杂思考掌握资源、利用方法。

问题是课堂教学的主线，也是跨学科课程教学的内在驱动。教师在整合跨学科课程时，往往会设计各种各样的问题来串联课程内容，因此就需要创建不同的问题情境。问题情境有封闭和开放之分，封闭的问题情境所提供的条件信息指向性比较明确，容易让学生理解和把握要点信息；而开放的问题情境相当于把问题放置于一个不确定的环境下，学生需要在不确定的环境中寻求确定，既需要层层筛选，也需要不断排除干扰信息，综合对比和思考，才能发现信息之间的内在联系，深刻理解问题、确定问题的要义。学生在开放问题情境中分析、整合、提炼信息的过程，同样也是其复杂思维活动的过程，课程设计者可以结合这一点，在跨学科课程中设计开放的问题情境来培养学生的复杂思维能力。

三、学习者中心取向整合

学习者中心取向整合是以学生个人或小组为单位提出任务，任务内容需要学习并运用跨学科知识。学生在项目问题解决过程中，教师发挥协调、指导、检查、监督、计时和评价作用。其优点在于能力较强的学生可以摆脱传统的结构化课堂教学对个人学习与设计活动的约束，能更好地发挥个人能力；缺点在于能力弱的学生会对学习过程中的自由度不适应，需要教师更多的指导。同时，由于项目任务非结构化，所以很难实现对学生技能最终结果的全面评估。这种取向不强调由教师预设问题或项目，而由学生个体或小组调查、发现问题。它不仅强调解决问题能力的培养，还强调发现问题的创新能力，是一种依据学生需求，以学生生活经验为基础寻找各学科整合点的模式。它强调学生成就感与自我效能感，强调学生好奇心与兴趣的维护和保护，强调分享、创造的愉快。在理念上，它清晰地体现了教育的人本主义思想。

按照本杰明·布鲁姆的研究，人的思维能力分为记忆、理解、运用、分析、评价和创造等六个级别，高阶思维能力主要是指分析能力、综合能力、评价能力和创造能力等。学生必须要有高阶思维能力，才能分析、应用和创造知识，对事物展开有效归因、推理和创新。因此，发展学生的高阶思维能力是培养学生的重要目标。伊万尼特斯卡雅、克拉克等人在《跨学科学习：过程与结果》中提出，跨学科学习可以帮助学生强化高阶思维技能，也可以帮助学生在不同学科领域之间建立更完善的知识体系和更有意义的研究。所谓高阶思维，是指发生在较高认知水平层次上的心智活动或认知能力，它在教学目标分类中表现为分析、综合、评价和创造。布鲁姆的教育目标分类理论（1956）及其修订版（2001）对高阶思维有详细的阐述，很多教师对此并不陌生，但是难点在于如何将理论应用于实践。跨学科课程中问题的设定非常关键，可以帮助教师培养学生的高阶思维能力。跨学科学习不仅能够使学生在不同学科领域之间建立起更完善的知识体系并开展更有意义的研究，而且对于培养学生的高阶思维能力也有一定的优势。因此，教师在跨学科教学时要有意识地把课程整合设计和学生高阶思维能力的培养结合起来，以跨学科课程整合设计建构促进学生高阶思维能力的课程框架。

（一）跨学科课程的目标原则

课程目标对教学实践具有导向作用。在把培养学生高阶思维能力作为跨学科课程整合设计的前提条件和要求时，跨学科课程整合设计必须要在目标中体现这一点，才能使跨学科教学实践向培养学生高阶思维能力靠拢。跨学科课程的目标设定要体现培养学生高阶思维能力的要求，就需要把各种能力发展要求和课程教学目标结合在一起。跨学科课程目标主要包括知识目标、技能目标、价值目标和能力目标等。基于高阶思维能力的内涵，发展高阶思维能力的课程目标需要突出知识主动建构、创造性生成和综合应用等特点。

1.追求主动建构知识

跨学科课程教学在一定程度上拓宽了学生的知识视野，能够使学生在特定的课堂教学中掌握多方面的知识。学生在学习跨学科知识时，必须要主动分析和理解知识，对特定知识形成自己的想法。在主动建构知识意义的过程中，学生的分析思考也是其高阶思维能力训练的过程。在这一过程中，学生需要分析知识才能明确知识的来龙去脉和知识间的关联，需要综合多方面的因素来考虑才能充分把握特定知识点的内涵，并在知识分析基础上形成自己的结论判断，添加个人的认识和理解，形成自己独特的解读，更好地建构知识意义。在跨学科课程目标中强调这一点，能够有效促进学生对知识内容的独立思考和知识创造。

2.关注创造性生成

跨学科教学不是单纯地把多学科知识并列在一起，而是把多学科知识糅合在一起，形成更为宽泛的知识体系。学生的知识面越宽，就越能够形成更多的问题视角。在跨学科知识体系建构的基础上，也就会因掌握更多知识而形成更丰富的想法和认识，从而使得知识的学习不是局限于知识本身，而是能够在原有知识基础上建构出新的内容。在跨学科课程目标中强调学生对于知识的创造和生成，能够使教师在教学中不满足于学生对已有课程知识的掌握，从而更多地推动和督促学生进行知识创造，为学生创造知识提供更好的条件，使学生的创造能力得到有效发展。

3.突出知识综合应用

学生学习知识的目的是应用于实践，解决具体的实践问题。学生将其习得的知识经验应用于实践问题的解决过程，也是从知识输入到知识输出，把知识转化为行动的过程。这个过程需要学生深度把握知识内涵，且对于特定知识有一定的体验和认识，彻底把间接的知识经验内化为自身的知识积累。此外，学生还需要综合众多问题要素，具有将知识经验结合到具体问题的能力。该过程也是学生的分析能力、创造能力和综合能力等思维能力发展的实践过程。学科整合设计者可以在跨学科课程目标规定中强调学生的综合应用能力发展，促使教师重视学生的综合应用能力培养。

（二）跨学科课程的要求原则

跨学科课程教学是把两个以上学科知识糅合在一起，让学生理解不同学科知识之间的关联，使其关于特定知识的认识更加全面和立体，促进其进行知识迁移，使其能够更好地综合应用多种知识分析和解决具体实践问题。同时，教师在教学过程中，也要通过设定合适的课程任务，让学生进行复杂的思维活动，从而更好地开展跨学科学习，发挥跨学科教学的优势。跨学科课程要实现这一目的，培养学生的高阶思维能力，需要满足以下几点要求。

1.帮助学生建构跨学科知识体系

建构跨学科知识体系符合跨学科课程教学本意，这种知识体系建构需要学生分析各学科知识内涵和学科特点，厘清不同学科知识之间的内在逻辑关系，把多学科知识综合起来分析思考，从而按照自身的逻辑思维重新建构起不同于单一学科的知识体系。教师所进行的跨学科教学能够通过多学科知识的输入，促使学生了解掌握多学科知识，但是教师在同时输入多学科知识时，如果不对学生建构跨学科知识体系有所重视，那么就会导致学生对于各学科知识的学习只是简单的理解，而难以进行复杂的思维活动。总之，从促进学生高阶思维出发，课程整合者需要规定学生建构跨学科知识体系的课程任务，教师为了完成教学任务，就会重视学生关于知识体系的建构问题。在推动任务进展的过程中，有意识地引导学生整合多学科知识，帮助学生形成自己的想法，从而使学生进行更多的复杂思维活动。

2. 推动学生跨学科知识探索活动

学生知识学习的过程也是其探索知识内涵、建立知识关联的过程，这个过程需要学生深度思考特定知识，厘清知识之间的内在关系，预估知识走向，形成自己的逻辑思维。但是，在不加引导和启发的情况下，学生关于知识的关联和实践应用很容易走向误区。跨学科教学实质是在横向上扩展学生知识理解的知识基础，有助于学生明确知识之间的内在关系，扩展学生认知的视角，使其形成新的知识。因此，跨学科课程设计者要使学生的知识探究更有意义，就需要把跨学科知识探索活动作为重要教学任务，增强教师的引导启发意识，使其在课堂中有意地引导和推动学生展开跨学科知识探究，并确保探究方向的意义性。

3. 提高学生跨学科解决问题能力

学生解决具体问题需要有一定的知识储备和方法技巧，也需要具有正确的思维，其分析问题、解决问题的过程正是复杂思维训练的过程。具体问题的解决往往涉及多学科知识，但在一般情况下，学生关于学科知识的学习往往是各自进行，缺乏对多学科知识的系统整合，综合各学科知识教学提高学生解决实际问题的能力是跨学科教学的内在之义。因此，跨学科课程设计者要把发展学生跨学科解决问题的能力作为基本课程任务，以此来促使教师加强学生在此方面的能力训练，增加学生培养复杂思维的机会。

（三）跨学科课程的任务原则

跨学科课程教学具有培养学生高阶思维能力的优势，且以此能力为教学目标。课程设计者可以通过任务教学，促使学生进行各种复杂思维活动，训练其高阶思维能力。由于多学科内容的丰富性，跨学科课程设计可以选择历史、文化与社会等多方面的知识任务，但是要促成学生的复杂思维活动，有关课程任务的设计就需要符合一定的条件。

1.课程任务要有综合性

当课程任务涉及的内容比较单一时，学生思考问题往往会局限于特定学科知识框架内，难以展开发散性思维，也难以就问题本身展开要素整合，对于问题的分析也不够深入。因此，课程设计者在设计跨学科课程任务时，要尽可能地选择综合多学科内容的任务。符合此类条件的任务主要是指通过任务阐发或者前因后果的关联，串联起多学科知识。这样的任务本身就牵涉多学科知识，学生要理解、分析和基于任务阐发，就必然要综合多学科知识来完成。多学科知识点的内在关系发掘、知识脉络的延伸以及知识系统的建构，都需要进行复杂的思维活动。

2.课程任务要有思想张力

跨学科课程任务设计的目的是以此为轴心，让学生基于任务发散思维，思考各种和任务有关联的问题。这样的任务需要有一定的思想张力以及较大的探索空间，让学生能够深入思考，扩展思维视角，这样才能使学生在特定问题上有足够的思想空间，从而为其开展复杂思维活动奠定基础。这样的课程任务形成，需要教师立足于现实，探索问题的哲学本质，充分地表现个体的独立思想意识，以及对社会生活崇高的渴望、对美的探究等。理想和现实的差距，现象和本质的差异，物质和精神的反差，都能够使课程任务形成深刻的思想意义。

3.课程任务要有创新性

创新思维是复杂思维的重要内涵，也是培养学生高阶思维培养的重要方向。课程任务的创新或保守直接影响着学生的思维复杂程度。当课程任务是学生常见的问题时，学生就会根据在日常生活中习得的经验和知识来理解，其思维活动难免落入窠臼，难以展开独立分析和思考。相反，创新性的任务能够减少他人经验认识对学生思想的羁绊或干扰，促使学生展开独立思考，使其在自行分析、评估和创造的基础上，形成自己的想法和认识。

4.课程任务项目化表述

特定项目的推进需要学生了解和评估项目的基本情况，深入分析、确定项目的可行性，了解项目解决的影响以及项目解决需求的条件等。学生理解项目、分析项目的过程需要经历复杂的思维活动，在其寻求项目解决对策、推动项目实施时，需要把所学知识应用到项目问题中，此时必须要灵活运用知识，基于已有知识经验生成自己的认识，才能有序推动项目进行。总之，从项目认识到项目开展都需要学生进行复杂思维活动。课程任务以项目形式来表现，能够从整体上建构起要求学生展开复杂思维活动的教学框架，从而形成学生深度思考的情势。

第二节　跨学科课程建设的建议

为加强学科间相互关联，带动课程综合化实施，强化实践性要求，各学科课程都设计了跨学科主题学习活动内容。通过过程性、总结性和综合性的学习活动，锻炼学生综合运用单学科和其他学科知识解决实际问题能力，促进学生跨学科思考，形成综合思维与创新意识，内化核心素养。跨学科课程不仅仅是传统的知识教授，而是提倡探究性、实践性的教学活动。对于学生来说，跨学科课程需要积极参与活动，在合作中学习，建立起学科与其他内容的综合联系。学生对其意义的建构，能更好的应对困难，创新性地解决学习问题和生活问题。跨学科课程对学生的全面培养，以及对其创新思维都有推进作用。

建立跨学科课程体系不是彻底颠覆原有的课程体系，而是要在新的教育理念下做到系统规划，稳步调整。这样既能继续发挥已有体系的优势，又能使体系的转变更加自然贴切。除此之外，构建跨学科课程体系需要在已有课程体系中探索跨学科课程要素的生长点与整合点。在明确新课程体系指向的前提下，通过浸润式修正、再造与完善等方式落实跨学科的内容，在进一步补充与提升的同时促生出新的课程要素，激发出课程新的生命力，由此构建出更稳定、更具内涵的新体系。跨学科课程体系的建设，需厘清学校原有活动、项目、课程中的关键要素与内在关联，并以此为基础，聚焦学生发展，由点及面地系统落实跨学科教育要求，构建设计出跨学科课程体系，如图4-1所示。

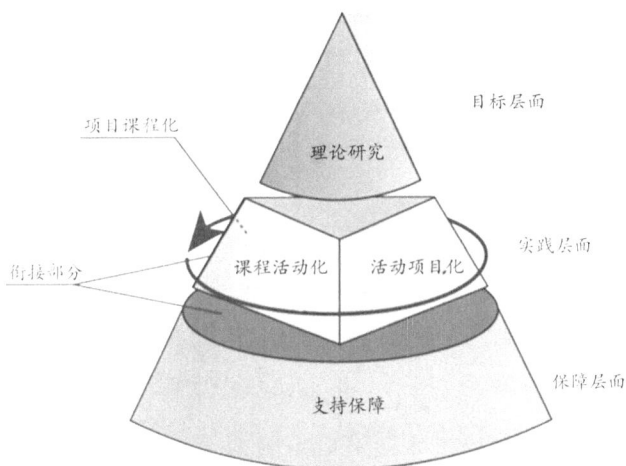

图4-1 跨学科课程体系的建设

一、国家课程的二次开发与创造

我国三级课程管理体系赋予教师参与课程开发的权利。在课程实施的过程中，教师对国家课程的二次开发是教师参与课程开发的最主要途径。在传统学校中，我国学校管理实施集权式领导。课程的决策、开发、管理都由政府负责，教师对于课程变革的政策往往只是被动地执行。新一轮基础教育课程改革中，这种局面被打破，各项政策的制定与实施，使教师获得参与课程的权力成为必然趋势，教师不再只是课程执行者。

在跨学科课程建设变革中,不能忽视教师的作用,而是要给教师参与变革的权力,让教师结合自身的实践经验、创造能力去实施跨学科课程计划。教师在变革中拥有跨学科课程的领导权,才能够根据学校和学生的实际情况对课程教学进行设计、管理,才能够对课程的各方面进行自我决策。

教师参与跨学科课程开发主要有两个维度:一是教师对国家课程进行校本化处理,即根据学校、学生,以及教师自身的特点调整国家课程实施内容与方式;二是教师结合本校的教育理念和学生兴趣,以及发展需要开发校本跨学科课程。其中,校本跨学科课程为教师提供了参与课程开发的现实载体,使教师能将"课程开发者"这一角色从观念变为现实。但从具体的学校教学的角度来看,教师参与课程开发的主要空间还在于对国家课程进行校本化处理。教师对国家课程进行校本化处理,是基于自己的教学要求,建立在教师对课程内容的理解与诠释之上,融入教师的教学风格,体现教师的教育哲学与教学能力,对教师的个人成长以及课程改革的推进都是有益的。此外,对于原有课程,教师的校本化处理,能使国家课程更适合于具体的教育教学情境,有利于学生对课程内容实现自我知识结构的转换,促进学生的理解与发展,从而真正实现原本的课程价值。在现有教育评价体制下,探索既有利于学生学习能力提升,又有利于教师专业成长,更有利于学校发展的跨学科课程建设,无疑是新课程改革穿越深水区的关键。

对国家课程的二次开发是新课程改革的必然选择,也是目前各地教育主管部门着力推进的重要工作,这给各个学科间的融合性跨学科课程开发,提供了很大的行政支撑与实施空间。语文和英语学科教师在正常课堂教学过程中,尽量从语言思维方式与文化底蕴方面向学生渗透与延展。语文学科可以选择英、美国家文学作品选文教学为突破口,进行英语文化渗透,如高中语文教材中的美国黑人民权运动领袖马丁·路德·金的著名演讲作品《我有一个梦》的教学。首先,教师在要求学生诵读中文译本的同时,也诵读英语原文,感悟其中的英语文化内涵；然后，从演讲中所使用的简短、有力的语言表达方式，了解、感受英语的思维方式；最后，教师以这篇作品所倡导的民主、自由、公平、正义等观念引导学生了解世界人民共同的文明追求。同样，英语老师也不再局限于英语语言知识与技能的培养，更多地关注课文的文学性，引导学生较好地掌握英语语法知识与语言技能的同时，逐步掌握就某一深度话题进行智慧性讨论的技巧，学习写出较强感染力的英语作品。

以生物学为例，其跨学科学习主题包括模型制作、植物栽培和动物饲养、发酵食品制作三类跨学科实践活动。通过跨学科课程的设计和学习，学生能够理解科学技术、工程学、数学等学科之间的相互关系，并尝试运用多个学科的知识和方法，设计和制作解决现实问题或生产特定的生物学产品，发展综合素养。

（一）模型制作

在模型制作类跨学科实践活动中，针对特定的生物学内容运用生物学、物理等概念，以及结构与功能、尺度、比例和数量、模型等跨学科概念，选择恰当的材料，设计并制作模型，直观地表征相应的结构与功能，提升探究实践能力。在这类跨学科实践活动中，可供选择的项目如下。

1.制作细胞结构模型

根据细胞结构与功能的特点，各部分的大小、数量、位置关系，以及不同材料的性质等相关概念，选择恰当的材料，运用特定的工艺对材料进行加工，并按照一定的规律组装在一起，用以表征细胞各结构的特点、相互关系及其功能。

2.制作小肠壁结构模型

根据小肠壁结构与功能的特点，选择恰当的材料，运用简单的技术手段对材料进行加工，并按照一定的位置关系组装，用以表现小肠壁适应吸收的结构特点。

3.制作可调节的眼球成像模型

根据眼球的结构和成像原理提出保护眼健康的对策,运用相关学科知识和方法,选择适当的材料和工艺,制作眼球结构模型和成像模型,可用于演示正常眼的成像,展现近视眼、远视眼的成因以及矫正方法。调查班级学生的近视率,撰写调查报告,结合眼球结构和成像原理提出保护眼健康的对策。

4.制作实验装置,模拟吸烟有害健康

运用多学科知识自制实验装置,模拟香烟烟雾对呼吸道黏膜的危害;形成吸烟有害健康的观念,自觉拒绝吸烟;学会用科学证据向公众宣讲吸烟有害健康。

5.设计并制作能较长时间维持平衡的生态瓶

根据水生生态系统的组成、数量与比例、稳定与变化、系统与系统模型等跨学科概念,利用生活中简单易得的透明材料制作装置,装入水、塘泥和不同的水生生物,制作能够持续较长时间的生态瓶。

(二) 植物栽培和动物饲养

对于植物栽培和动物饲养类跨学科实践活动,包括植物栽培和动物饲养可以综合运用多学科的知识和方法,考虑结构与功能、物质与能量、因果关系等跨学科概念,设计恰当的装置,以满足生物生长的需要。在这类跨学科实践活动中,可供选择的项目如下。

1.设计条件适宜的装置生产豆芽

用绿豆或黄豆生产豆芽:以绿豆或黄豆为材料,根据种子萌发所需的条件,选择恰当的容器,生产豆芽。

2.探究栽培一种植物所需的物理和化学环境条件

根据植物生长发育所需的环境条件,选择适宜的土壤,在土壤中栽培一种植物,如番茄。定期浇水,适时施肥松土;观察植物在生长发育过程中的变化;设计表格,记录和交流株高叶片数量、叶片大小、开花结果的时间和数量等信息。

3. 探究植物无土栽培条件的控制

根据植物生长发育所需的环境条件，选择或设计恰当的装置将其置于适宜的环境中，利用营养液无土栽培植物（如番茄）定期补水、更换营养液、通气。观察植物在生长发育过程中的变化，设计表格，记录和交流株高叶片数量、叶片大小、开花结果的时间和数量等信息。

4. 探究影响扦插植物成活的生物和非生物因素

根据植物生长发育所需的条件、扦插繁殖、芽的结构与功能等相关概念，选择适于扦插的植物枝条（如月季）和扦插培养基，按照扦插的技术要领和操作规范进行扦插繁殖。同时，定期观察，记录和交流扦插枝条的生长发育情况。

5. 体验植物的嫁接技术

根据植物的生活需要水和无机盐、形成层的功能、嫁接繁殖等相关概念，选择适于嫁接的砧木和接穗，按照嫁接的技术要领和操作规范进行嫁接繁殖。同时，定期观察、记录和交流接穗的生长发育情况。

6. 饲养家蚕，搜集我国养蚕的历史资料

根据家蚕的生活史、生活习性、食性、生活所需的环境条件（如温度、湿度等），利用生活中简单易得的材料设计并制作恰当的装置，饲养家蚕观察和记录家蚕的生长发育过程，搜集养蚕的历史资料。

7. 制作水族箱，饲养热带鱼

选择某种热带鱼，根据其生活史、生活习性、食性、生活所需的环境条件（如温度、溶解氧量等），利用生活中简单易得的材料设计并制作水族箱，饲养和繁殖热带鱼，观察和记录热带鱼的生长、发育和繁殖过程。

（三）发酵食品制作

在发酵食品制作类跨学科实践活动中，发酵食品的制作可以运用传统的发酵技术来完成。发酵食品的改良需要好的创意，运用多个学科的知识和方法,从发酵的条件控制、装置的改进、食材的选择等方面不断尝试。在这类跨学科实践活动中,可供选择的项目如下。

1.搜集当地面包酵母菌种,比较发酵效果

依据酵母菌代谢所需的环境条件、营养来源、产物,热服冷缩等相关概念,以面粉、酵母菌粉为材料,选择特定的厨具,按照发酵技术的操作程序制作馒头或面包。

2.设计简单装置,制作酸奶

依据乳酸菌代谢所需的环境条件、营养来源、产物,以及蛋白质在不同酸度环境中的状态不同等相关概念,以牛奶、乳酸菌(或酸奶)为材料,选择恰当的容器,按照乳酸发酵技术的操作规范制作酸奶。同时,测定并分析酸奶的酸度和糖度,确定适宜的酸度和糖度范围。

3.制作泡菜,探究影响泡菜亚硝酸盐浓度的因素

根据乳酸菌的分布,代谢所需的环境条件,营养来源和产物等相关知识,选择或设计便于消毒和避风的适当容器。依据个人对食品的喜好,选择恰当的蔬菜,如白萝卜、胡萝卜、芹菜、甘蓝和配料(如辣椒、花椒)。按照发酵技术的操作规范和程序制作泡菜,测定泡菜的亚硝酸盐浓度,分析亚硝酸盐浓度与原料、腌制方式、时间等因素的关系。

二、理论研究的课程体系目标指向

构建跨学科课程体系首先要基于明确的核心素养指向。核心素养是知识、情感、思维和态度的整体性体现。学生核心素养是指学生应具备特定的关键品格和能力以适应终身发展和社会发展的需求。从另一个角度看,核心素养的整体性弱化了各学科间的边界,并逐渐将它们进行一定效度的融合。实践证明,跨学科课程具体包括用分学科知识解决综合性问题、用综合性知识解决分学科问题和用综合性知识解决综合性问题这三种基本类型。但就其共性而言,学生在不同阶段的活动实践、项目调研、课程学习等研究过程中，均以学科知识为基本出发点，以问题解决为实施路径，以实现育人价值为核心关键。从纵向上看，跨学科课程体系是一个学科复合的连贯结构，它聚焦问题，随着学生体验的增多，活动、项目、课程也随之深化，学生的综合能力也随之提升，实现核心素养的真正生长与长期发展。

跨学科课程体系的建设重点在于核心素养目标引领下的实践层面。其中，跨学科课程、活动、项目之间具有递推关联，具体表现为跨学科课程活动化、跨学科活动项目化、跨学科项目课程化。在学校进行跨学科课程建设的实践中，可能会从课程活动化起始，也可能从活动项目化起始，亦可能从项目课程化起始。这三个环节没有顺序的先后、层次的高低、地位的主次，任何一个环节都可以是起点，但没有任何一个环节会是终点。即无论从过程的哪一个环节开始，最终必然会完整经历课程活动化、活动项目化、项目课程化三个环节，关注各类课程在不同维度的紧密关联，最终形成一个顺势衔接、动态递推、连贯发展的自然闭环。这是跨学科课程建设的使然，也是必然。

跨学科课程体系的顺畅运作离不开保障层面的全力支持，其中包括硬件方面的学习环境、设施设备、教学资源的基本保障，以及软件方面的教师资源配置、教师队伍建设、教研合作机制、课程资源库建设、课程评价体系等。除此之外，还需创设家庭、学校、社会的协作机制使其更具整体性，以及设置专门的跨学科教育教研岗位来推动教师的实践和研究。通过上述人力及资源方面的统筹，在整体规划上寻找突破口和落脚点，引导教师主动形成对跨学科教育的理解与实践意识，最终将跨学科教育积极融入学校课程体系中，并常态开展的能力。

三、超越学科范畴驱动学生复杂思维

跨学科课程中提出的问题是撬动跨学科课堂教学的支点，也是驱动学生思维的内在动力。因此，课程设计者要强调学生高阶思维能力的培养，就应提出需要学生开展复杂思维的跨学科问题。学生对于课程问题的思考和解答不仅有助于理解知识，而且也有助于复杂思维能力的锻炼。基于高阶思维能力内涵，涉及复杂思维的问题主要包括运用分析能力、应用能力、综合能力和创造能力等方面的问题。课程设计者可以按照以上问题类型来提问，以便促进学生复杂思维的培养。

（一）按照逻辑关系设计

跨学科课程中的内容是把多学科知识点按照一定逻辑关系整合在一起的，各种内容之间有着一定的逻辑关系，或因果，或递进等。课程教学的过程实际上也是按照一定逻辑关系渐次推出各种知识内容的过程，这样的关系可以通过提问设计来展现。具体到实践中，课程设计者可以基于逻辑关系进行深层追问。逻辑思维能力是高阶思维能力的重要内涵，学生分析、批判及创造问题的能力建立在一定的逻辑基础上，其需要进行严密的逻辑推理，才能得出正确的结论。逻辑关系是由浅入深的过程，课程设计者可以基于一定的知识逻辑提出系统化问题，形成对学生的持续追问，学生在逐步解决各个问题时，其思维能力会逐渐提高。

（二）多维度提出问题

个人思维在长时间内按照一定模式运作时就会形成思维惯性，而要进行比较和创新，就必须要突破原有的问题视角。跨学科教学是将多学科内容整合在一起形成新的课程教学，相对于单一的学科教学，提供了更多的问题视角。因此，课程设计者要拓展问题视角，从多维度提出问题，学生要解答各方面的问题，并使自身的解答符合逻辑、保持一致性，就必然要深度思考问题，抓住问题的本质。

（三）提问抽象概念知识

跨学科课程教学会涉及多种知识概念，这些概念知识是前人从具体实践中总结提炼出来的相对抽象的认识，是从具体到一般的过程。学生对于特定概念的学习，不能拘泥于对概念本身的理解，还必须要明确概念的来龙去脉，即从一般到具体的过程，经过复杂的思维活动，在学习过程中充分理解概念内涵，把概念和具体问题结合起来。课程设计者也可以基于此提出从概念到具体的问题，促使学生展开复杂思维活动。

（四）基于知识应用设问

跨学科课程教学的目的是锻炼学生综合多学科知识，也是学生认识问题、分析问题和解决问题的过程，培养学生解决问题的能力是其重要目的。学生进行分析和解决特定问题的过程，也是其深度思考的过程。因此，课程设计者可以提出考查学生知识应用方面的能力，促使学生从简单的知识学习进入应用知识的高阶思维层面。总体而言，高阶思维能力主要是指分析、综合、抽象与概括、辩证、创新等能力，需要学生进行复杂思维活动的提问，其实质上都是从现象到本质、从具体到一般和从概念到应用的内容，课程设计者只需要按照以上思路来设计提问，就会促进学生的复杂思维活动，以及高阶思维能力锻炼。

四、设计锻炼复杂思维的跨学科认知情境

情境认知理论认为，学习是个体在与情境的互动中创生意义的过程，会受到具体任务与问题情境的深刻影响。学生关于问题情境的认识是提炼情境关联要素的过程，情境越复杂，学生越需要展开深度分析和判断，才能抓住其中的关键要素。高阶思维能力包括批判、辩证及分析创造等内容，从锻炼学生的高阶思维能力出发，跨学科课程设

计需要建构相对复杂的认知情境。因为这样的情境既需要学生综合多学科知识来理解，也需要学生深入分析把握情境要素，还需要学生能够对情境信息去伪存真、分辨是非，以此来锻炼学生的复杂思维。

例如，语文和英语融通性课程的开发与实施，为多学科联合教学、融合性教学课程建设进行有益的经验尝试。首先，承担跨学科课程研发的教师，要认真研读融合对象学科的教材，大体了解其学科知识框架、学科核心素养要求，通过和融合对象学科教师的不断交流，理解其学科独特的思维方式，找出共同点与相似点，构建跨学科融合性课程体系框架。然后，寻找相关学科知识体系与思维方式之间的对接点、渗透点，最后选择课程素材，编写教材。

五、鼓励跨学科教研，提升教师的跨学科素养

美国著名的菲利普斯安多佛中学形成了良好的跨学科教研文化。其教研的形式非常多样，主要有以下几种：一是由跨学科教研组牵头，邀请校内外专家对某一门跨学科课程的大纲进行研讨，进行多轮打磨，如邀请耶鲁大学的教授和《纽约时报》的记者参与讨论"保守主义"。二是举办跨学科课程开发的经验分享会，邀请校内外在跨学科课程开发领域较为成熟的教师介绍经验，如唐氏教育研究院在2021年暑期举办跨学科课程项目的培训学习会，系统研讨跨学科课程的开发，反思跨学科教学实践，并邀请跨学科领域知名的塞佩尔·瓦基尔教授做"重新思考、想象或消除既定的学科界限"的专题报告。三是组成"重要同伴小组"团队，由对跨学科课程开发感兴趣的老师组成一个小组，分享自身的教学和学习感悟，探讨开发新的跨学科课程的可能。四是鼓励教师以学习者的身份参与跨学科课程的学习，参与学习的教师一方面以"学生"的视角了解学生的学习体验，另一方面以"教师"的视角分析别人的跨学科教学。

例如，根据地理学科特点和美术单元课程的需要，开展了跨学科的教学研讨。首先在知识相通的情况下，把地理地图知识运用到了美术《手绘创意地图》这一课程中，来更好地辅助美术绘画，同时也能加深学生对地理学科知识的理解，将知识活学活用。经过教学发现，这些地理知识是有助于美术课绘画创作的，学生觉得比起一门学科的教学会更加有意思，加强了学科之间的联系，学生的综合能力也有所提高。但这只是一小部分知识的融合，面对众多的学科知识，教师们还要构建出知识体系，找到其直接的联系，对其知识的融合做研究，并加以整合成有效的课堂。我们可以结合国外的跨学科教学案例，适当的开展借鉴学习。跨学科的教学方式适应现代飞速发展的社会，社会需要综合性的人才，而中小学更是人才培养的重要阶段，我们必须为此做出努力。

跨学科课程的开发要注重强调跨学科课程与学校整体课程体系的一致性，与学校的指向、目标、目的保持一致性。当教师有开发新的跨学科课程的想法时，需要明确这门课程的目标是否与跨学科课程的宗旨一致，并尽可能地将课程的目标融入学生的个性成长与认知发展目标当中。目前，很多示范性高中提出要创建学术性高中、研究型高中、创新型高中的目标。学术性、研究型和创新型体现在哪里，仅仅是针对应试的九大学科教学的提升是远远不够的，还需要站在整体育人的高度，深入研究跨学科课程在学生综合素质培养所发挥的作用，尤其是尝试将融会贯通的跨学科迁移能力作为重要的突破，通过对课程的整合，腾出一定的时间和空间开设跨学科课程。虽然少数走在改革前列的高中在跨学科融合创新课程上也做了一定的探索，但存在的主要问题是这些跨学科课程与原有课程体系融合不够，跨学科课程的内容与学生的认知基础以及高中各学科的内容缺乏深度关联，这可能是与美国一些顶尖高中在课程建设上存在的差距。菲利普斯安多佛中学的案例可以看到跨学科课程的开发与实施的关键不是形式，而是理念与师资，关键在于充分认识到跨学科课程育人价值的基础上，形成一套完备的课程开发机制和跨学科教研机制。因此，菲利普斯安多佛中学的经验对我国高中课程管理机制的创新和教师的跨学科素养培育也具有重要的启示。

第五章

跨学科课程教学的实施和评价

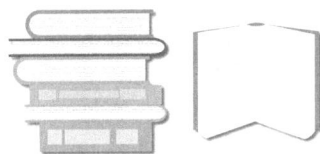

从一定意义上说，没有跨学科，就不会有震撼心灵的创造。

——刘仲林

必须拥有跨学科的心态，锤炼成自己的思维框架。

——查理·芒格

　　面对综合国力竞争日益激烈的国际社会，我国对人才的需求发生变化。教育紧随时代发展的步伐，将发展核心素养作为新时代人才培养目标，为我国社会主义现代化强国建设培养具有人文底蕴、科学精神、学会学习、健康生活、责任担当、实践创新六大素养的新时代所需人才。这六大素养正是在《中国学生发展核心素养框架》中明确提出的21世纪我国学生需要发展的核心素养。

　　新课程方案在"基本原则"中明确要求"开展跨学科主题教学，强化课程协同育人功能"。根据这一要求，教学时学科内要注意知识整合，学科间要注意相互协同，交叉融合。跨学科实践是跨学科主题教学（学习）的"先行军"，也是综合实践活动的新路径。跨学科实践活动课程基于以下事实而设计：传统学科学习内容专一，而社会实践所从事的工作从来都不是单一的，都是综合知识和技能的体现，传统学科的学习很难满足社会实践要求；科学、数学、工程学的融合是社会实践的必然要求，也是科学技术发展的方向；应用知识分析问题、解决问题的能力，动手实践的操作能力是义务教育中亟待发展的能力要求。跨学科实践活动正是基于发展这些能力，为发展综合素养和培养复合型人才而开展的活动。跨学科实践活动的学习本质是打破学科已有界限，对学科内容进行主题化、项目化、情境化学习，这对于学生解决复杂的、综合的真实问题的能力培养具有重要意义。

第一节　跨学科课程教学的实施

　　科学合理的教学原则对于教学活动从设计到开展的全过程具有调控和指导的作用，是确保教学活动顺利并有效进行的基础。因此，跨学科教学实践中，明确教学活动的教学原则是课前准备过程中的必要部分，以保障教学实践的质量与效果。

一、跨学科教学的联系性

跨学科知识的来源不仅是教材本身所提及的部分,还需要教师自行挖掘、组织,而后者就需要考虑到对跨学科知识的甄别。以生物学跨学科教学为例,跨学科教学应是为概念教学而服务的,进而促进生命观念的建构,故课堂中所涉及的跨学科知识应当与教学重点存在高度的联系。跨学科教学的联系性原则主要强调两点:一是跨学科知识与生物学教学重点的联系性,二是该联系的紧密性。

跨学科实践活动是一门综合性强的实践活动课程,需要学生理解科学、数学、工程学等学科之间的相互关系,运用多个学科的知识、方法、技术制作特定的产品。教师要达到课程目的,仅靠课堂教学的有限时间解决或完成设计和制作任务,具有一定难度。因此,将课内分析、讨论和课外制作有机结合,是跨学科实践活动顺利开展的有力保障。完成跨学科实践活动,通常需要教师在课堂上创设情境,提出问题,引导学生认清活动目的,帮助学生形成活动方案(包括应急方案中各学科的知识及其应用,采取的方法、技术和手段等)。活动的实施过程,如果是简单的设计或制作活动,所需课堂时间不多,材料容易处理,可以在课堂中完成;如果涉及复杂的设计和制作,则需要在课外完成;作品或产品完成后,还需要在课堂展示、交流和评价。教师需要考虑学生的知识储备情况、学校现有条件、学生个体及家庭实际情况,以及教学时间安排。合理安排课内、课外的活动任务是跨学科实践活动顺利完成的重要保障。

此外,跨学科教学的知识内容应难度适中,考虑到学生认知结构的可接受性。教师在跨学科教学的设计过程中应结合学生已有经验、心理发展进行移情性理解,还应考量所选择的跨学科知识其难度是否合理、是否对学生的认知建构与思维发展具有促进意义。同时,避免因跨学科知识难度太大而弄巧成拙、造成学生理解概念的障碍,或因其难度不高而导致课堂教学效率降低。

二、跨学科教学的时空性

跨学科教学有效实施不仅需要对其知识内容选择的考量，也需要实施者秉持合理的时间控制策略。对于各个教学环节的时间分配与把控是课堂组织中重要元素，跨学科教学作为一种特殊的教学环节也不例外，为避免跨学科教学的喧宾夺主、降低本学科教学效率等负面影响，跨学科教学需要注重时空性原则。跨学科教学的时间一般不应当超过本学科总课时的10%。跨学科教学的展开可以类似课外知识的拓展，因此为保障所有教学环节的完整度与课堂时间分配的合理性，尤其是对随机进入式的跨学科教学开展而言，教师在教学设计与课堂开展时有意识地监测、把控并调整跨学科教学的时长是非常必要的。

认知灵活性理论不仅仅为以生命观念形成为导向的跨学科教学活动的思路与价值提供了理论基础，其中指出的"随机进入学习"原则对于跨学科教学环节的课堂开展也具有很大的借鉴意义。笔者参照该理论提出"随机进入跨学科教学"原则，即跨学科教学的开展不是依照教师的预设情况而一成不变的。作为课堂教学的辅助环节其具体的学习内容应取决于学生依照自身的学习兴趣或困惑点而"随机进入"选择的学习内容，所以教师应根据课堂教学的实际需要呈现符合教学重点内容的跨学科内容。

跨学科教学活动的开展不一定是依托教师预设好的课件内容，也可以是由学生的提问、知识讲解过程的需要等方式作为引发点随机地开展。例如，生物学概念教学主题，其跨学科教学的实际开展内容在不同班级的授课过程中可以是多样的，因为跨学科教学的知识内容不是学科教学必要的教学重点，其呈现内容与方式具有灵活性和随机性。

三、跨学科教学的目标性

教育目标的三种信息来源，即学习者、学生的校外生活以及课程专家的建议，由三者组成课程目标。跨学科教学要基于教育哲学和心理学进行过滤，以行为主义为编制标准将其转变为明确具体的目标。学生必须拥有实现既定目标的经验，内容必须能够使学生在实施目标的隐含行为时获得满足感，内容必须与学生当前的身心发展水平和需要相适应，同样的教育目标包含许多特定的教育经验，同样的学习经验会产生不同的结果。其组织方式有两种，即"纵向组织"和"横向组织"。"纵向组织"指将不同阶段的内容基于联系进行整合，"横向组织"则指将不同领域的内容基于联系进行整合。

完成一项跨学科实践活动需要经历众多环节，如联系日常生活和社会发展等相关情境，引导学生发现问题，提出问题，在实践过程中分析问题和解决问题。每个环节又可以根据具体情况衍生出很多二级问题。解决这些问题需花费大量的时间和精力。如果重视每个环节，详尽解决每个问题，显然无法在有限的时间内完成涉及众多学科的跨学科实践活动。因此，教学的重点应该在引导学生设计实践方案以解决问题，帮助学生采用工程学技术完成制作相关产品的环节上，以体现跨学科实践活动课程的设计和制作特点。例如，"设计简单装置，制作酸奶"的实践活动，其重点不在于探讨酸奶的营养成分及营养价值、酸奶中微生物发酵的过程，而是需要分析满足酸奶发酵所需要的环境条件，进而设计出简易装置，在达到卫生标准的前提下，满足微生物发酵的基本条件。当然，设计和制作并不是跨学科实践活动的全部内容，有些跨学科实践活动还需要学生收集各种资料或开展调查活动，了解事物发展的进程，分析产生某种现象的原因，进而提出解决问题的方案或措施。这类活动尽管不是设计或制作，但也体现了学生活动的特点。通过这些活动，可以发展学生综合分析、动手设计、实践探究、数据和证据搜集及分析归纳的能力等。

四、跨学科教学的启发性

以跨学科试题材料为导入，构建真实情境。目前跨学科教学存在着课时限制与课堂有效性之间的矛盾，教师常常以练习的形式开展有关跨学科教学，对于学生思维的启发是不足的。主题课的教学形式新颖又有利于学生思维的养成，但是对教师要求高，耗时长，将跨学科试题与主题相结合，以跨学科试题的材料为情境导入，可以大幅度减少教师工作量，同时又有利于教师构建情境问题进行教学。

以跨学科问题作为授课的问题串，引导学生解决真实的跨学科问题。在以跨学科试题材料的基础上，围绕试题中的跨学科问题建立问题串开展主题教学。教师在建立问题串的过程中可以对试题材料信息和问题进行重构，建立一个完整的信息链，进而培养学生的跨学科思维能力。

鼓励学生互相评价，提出疑问或建议，培养学生的发散思维。学生参与的跨学科教学是开放的，跨学科问题的答案并不是唯一的，学生可以对同学的想法提出质疑或补充，教师在授课过程中应该有意识地培养学生从多个角度进行思考，并做出合乎逻辑的回答。

联系情境材料与教材，适当补充学科知识或材料，巩固学生学科本体知识。跨学科教学是跨越学科限制的教学模式，其本质仍旧是离不开学科本体知识的，因此在开展跨学科教学时只着眼于学生的思维过程是不够的。对于学生来说，跨学科的思维是建立在基础知识的基础之上的。教师在利用跨学科试题开展主题教学时应联系学科知识，帮助学生巩固核心概念，适当整理和补充相关学习材料。

营造开放的课堂交流环境，培养学生表达能力。学生的表达能力与学生跨学科能力有着密切关系，决定了学生能否用合乎逻辑的语言说出跨学科解决方案。教师在教学中有义务鼓励学生交流，培养学生"说"的能力。

第二节 跨学科课程教学的评价

跨学科实践不同于常规的课堂教学活动,需要学生主动参与,积极实践,其活动任务相对复杂且持续时间长,一些活动不能在课堂中完成,需要学生在课下或家里完成,保持学生持续的注意力和一定的耐力非常重要,因此进行及时有效的评价是跨学科实践活动顺利完成的关键。笔者依据目标评价模式与发展性课程评价模式,本着客观性原则、发展性原则与多元化原则,以促进课程参与者和课程本身的发展为核心目的,构建跨学科课程的教学评价建议。

一、评价原则

(一) 客观性原则

客观性原则即实事求是原则,进行课程评价时应从实际情况出发,保证获得的数据具有真实性与可靠性。除此之外,在各种评价方法的选择上要注重现实性,结合评价对象的实际情况和评价参与者的可接受程度合理选择评价方法。

(二) 发展性原则

通过课程评价,课程设计者能够明确课程开发过程中存在的优缺点,进而发现问题,寻找解决问题的方法,从而推进课程向更加科学的方向迈进。除促进课程本身发展,课程评价最核心的功能是促进学生和教师的发展,因此应以过程性评价为主,在帮助学生获得基础知识和基本技能的同时注重能力、科学精神、价值观等方面的发展。

(三) 多元性原则

新课改倡导课程评价注重评价主体、评价对象和评价方法的多元化与评价的全面性。对于课程评价的对象除了课程本身之外，还应包括对参与课程的学生和教师进行评价，并注重与教学过程相结合，采用自评、生生互评、师生互评等多元评价主体相结合的方式，对评价对象开展项目多元的评价，以体现多元化评价精神。

二、评价体系组成

借鉴相关课程评价方式，确定本课程的评价体系由"以目标为中心对课程内容的评价、以过程为中心对课程实施过程的评价、以结果为中心对课程实施效果的评价"三部分组成。

(一) 以目标为中心对课程内容的评价

在课程正式实施之前对设计的课程内容部分进行评价，以明确课程内容在设计上的合理性和科学性，属于过程性评价。为保证内容的科学性，应向本课程涉及的相关学科领域的专家进行访问并征求其意见，以及对一线教师进行访谈，明确设计的内容与活动是否具备合理性、是否符合学生的身心发展特点和基本学情。从而明确其中存在的问题，进而在实施前进行完善，尽可能地保证课程正式实施时有效。

(二) 以过程为中心对课程实施过程的评价

这种评价时在课程实施过程中进行，包括对教学过程中教与学双方主体的评价，对教学过程中专题内容与活动开展情况的评价。对教学双方主体的评价采用师生互评的方式，教师结合在教学过程中对学生的平时观察和课堂记录对学生进行评价，重点关注那些难以量化的情感与行为表现，对学生进行过程性评价。注重评价主体多元化，除任课教师的评价外还可以对参与本课程学生的班主任及教授本兴趣小组的授课老师进行访谈,搜集评价意见,从而更全面地对学生进行评价。制订相应的评价量表以帮助学生对教师进行评价,学生结合课堂体验与教师的教学行为,参照量表中的评价项目对教师进行评价并提出建议,教师基于学生意见进行反思,分析存在问题并寻找解决方案,从而更符合学生需要。对专题内容与活动开展情况的评价由教师基于教学实际,对各项活动的完成情况进行评价,以明确实施过程中的问题,从而更好地改进教学。该部分评价以过程性为主,主要采用观察法、课堂实时记录的方式进行。

(三)以结果为中心对课程实施效果的评价

这种评价是在课程实施后开展,包括对学生学习效果的评价对课程本身实施效果的评价两部分,是终结性评价。对学生学习效果的评价以课程目标和教学目标为参照,通过专题评价体系进行量化评价,结合访谈法搜集学生的学习感受,明确教学目标的达成度以及本课程对学生的影响。因为学生是课程效果最直接的体验者,所以通过编制和发放问卷,搜集学生的评价意见,明确学生的认可程度,分析存在的问题,为后续的改进与优化提供参考。

第六章

跨学科实践教学典型案例

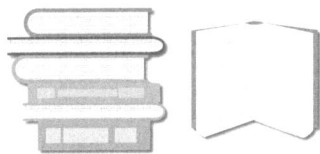

敢探未发明的新理，即是创造精神。

——陶行知

想象跟幻想一样也具有加重、联合、唤起和合并的能力。

——华兹华斯

第一节 初中地理、生物学跨学科学习案例

——"长江鱼王"会回来吗？

长江白鲟，曾被科学家誉为最大的淡水鱼类之一，成年长江白鲟长度一般超过 2 米，有记录的最大个体长 7.5 米。因为长江白鲟体型庞大，吻部长如象鼻，也称"中国剑鱼""长江象鱼"，曾和恐龙生活在同一时代。成年长江白鲟主要栖息在长江下游和入海口，每年清明前后，它们逆流而上，来到上游的四川江安、宜宾江段产卵。但是，由于长江沿岸多年来的过量捕捞，繁忙航运，采砂和排污，加上大型水利工程的建设，截断了长江白鲟千百万年的洄游路线，使它们难以正常繁殖。2003 年 2 月，在长江宜宾段，最后一次观察到长江白鲟，此后再无踪迹。2022 年 7 月 21 日，世界自然保护联盟宣布长江白鲟灭绝。这个案例为我们提供了地理、生物学的研究资源，在此项目的学习过程中，学生通过对长江白鲟灭绝相关原因进行探究，探讨真实情境中的问题，并尝试提出合理的建议，不仅可以将地理和生物学知识有机整合，融会贯通，更能引导学生敬畏自然与生命，理解社会责任的含义，深化人与自然和谐共生的观念。

一、核心任务

在长江芜湖段的地理情境中开展户内外综合考察，对芜湖的气候、长江下游相关的水文特征、生物种类及特征、主要自然灾害及环境问题现状进行观察、调查、测量、咨询、记录和资料搜集，分析各要素之间的内在关联，探讨长江白鲟灭绝的自然原因和人为原因，深入思考生物和环境的关系，河流对流域社会经济发展、人们生活的影响，以及人类活动对环境的深刻影响，树立"人与自然和谐共生"的

绿色发展理念。

二、项目设计

（一）学习目标

1.地理学科

（1）核心素养：人地协调观，综合思维，区域认知，地理实践力。

（2）相关课标：运用地图和相关资料，简要归纳中国气候特征，简要分析其影响因素；运用地图和相关资料，描述长江的特点，举例说明其对经济发展和人们生活的影响；运用地图和相关资料，描述中国主要的自然灾害和环境问题；针对某一自然灾害或环境问题提出合理的防治建议；进行野外考察并利用图文资料，描述家乡典型的自然与人文地理事物和现象，归纳家乡地理环境的特点，举例说明其形成过程及原因；举例说明家乡环境及生产发展给当地居民生活带来的影响和变化，并尝试用绿色发展理念，对家乡的发展规划提出合理建议，培养热爱家乡的情感，增强建设家乡的意识。

（3）素养目标。①区域认知：结合资料，分析长江芜湖段水文特征及相关气候特征；运用相关资料，描述近年来芜湖主要自然灾害及环境问题，简单分析其成因；通过实践调查等活动，结合各类资料，分析近年来芜湖与长江白鲟灭绝相关的人文地理环境特征及变化；分别从自然地理和人文地理两方面，分析长江芜湖段与长江白鲟生活、灭绝相关的地理特征及可能存在的原因。②综合思维：结合资料，分析理解长江芜湖段水文特征及相关气候特征的关系，认识近年来有关特征的变化及产生原因；运用资料，分析近年来芜湖地区主要自然灾害对长江芜湖段水文特征和社会经济产生的影响；综合各类资料，说明近年来长江对芜湖段社会经济和人们生活的影响及其变化，分析其中突出的开发或防治问题；通过对长江白鲟灭绝问题的了解和分析，认识到地理环境的综合性，形成系统、动态地看待问题的思维方式，结合芜湖本地地理特征，体会长江流域不同区域间的相互联系。③人地协调观：通过对家乡典型的自然（气候、河流、自然灾害等）与人文（工业、农业、交通、人口、经济等）地理特征及成因的了解、描述和分析，进一步认识身边的环境，了解人类活动和地理环境间的关系，做出科学合理的价值判断；归纳家乡地理事物的变迁和原因，结合实践活动中发现的各种地理问题，分析其中协调与失调的内在原因，对家乡的发展规划提出合理建议，培养热爱家乡的情感，增强建设家乡的意识；并理解个人应承担的责任，改善自身不合理的日常行为。④地理实践力：设计简单的方案，通过观测、问卷调查、访谈、实验等实践活动，获取相关资料；能从流量、流速、水位、含沙量、有无结冰期等方面，概括长江下游的主要水文特征；通过地理实验、社会调查和野外考察等活动，学习在真实环境中运用适当的地理工具、方法和技能，培养地理实践力；在探究实践活动过程中，观察和感悟地理环境和人类的关系，培养乐学、善学，不畏困难的行动能力和意志品质。

2. 生物学科

（1）核心素养：生命观念，理性思维，科学探究，社会责任。

（2）相关课标：水、温度、空气、光等是生物生存的环境条件；生态因素能够影响生物的生活和分布，生物能够适应和影响环境；生态系统中不同生物之间通过捕食关系形成了食物链和食物网；生物圈是包含多种类型生态系统的最大生态系统；生态系统的自我调节能力有一定限度，保护生物圈就是保护生态安全；我国拥有丰富的动植物资源，保护生物多样性是每个人应有的责任。

（3）素养目标。①生命观念：认同生物与环境相互依赖、相互影响的观点；运用相关资料，说出生态因素对长江白鲟的影响；举例说出长江芜湖段水生生物对环境的适应和影响；举例说明人类哪些活动会对芜湖的生态环境产生多方面的影响。②科学思维：搜集分析资料，说出长江芜湖段生态系统中各成分的作用及其相互关系，并用恰当的形式呈现；运用所学生态平衡知识解释长江芜湖段的生态现象；尝试运用已有的知识和经验作出假设，分析长江白鲟灭绝的生物原因。③探究实践：学习确认和控制实验变量，设计对照实验，如实记录实验数据；通过对长江芜湖段生态系统的分析探究，学习调查和观察的方法；通过资料分析、调查、实验探究等活动，引导学生认识生物与环境的关系。④态度责任：通过对长江白鲟灭绝原因及长江生态环境的探究，认识到保护生态系统和生物圈的重要性；通过分析人类活动对长江生态环境的影响，拟订保护计划，形成环保意识，认识到每个人都有保护生态环境的责任，理解人与自然和谐发展的意义。

3.跨学科综合目标

（1）能够从不同学科的视角，聚焦长江白鲟灭绝的原因，分析其对人类生产生活的影响，提出开放性的、有价值的问题。

（2）能够结合项目主题，运用不同的资料收集、整理和分析、实验等方法，设计和规划合理的探究方案及途径，完成项目的学习，实现对不同学科知识的深度理解。

（3）通过实地考察长江下游芜湖段环境，或者利用各种形式的资料，探究人类活动和环境的相互关系，逐步积累在真实情境中学习的经验，提高对跨学科复杂问题的研究能力。

（4）通过实践活动提升团队协作、调查研究、语言表达等能力，提高信息素养、创造力，逐步确立人与自然和谐发展的观念，形成热爱家乡、勇于创新、主动学习的良好品质。

（二）跨学科大概念

人与自然和谐共生。

（三）设计思路

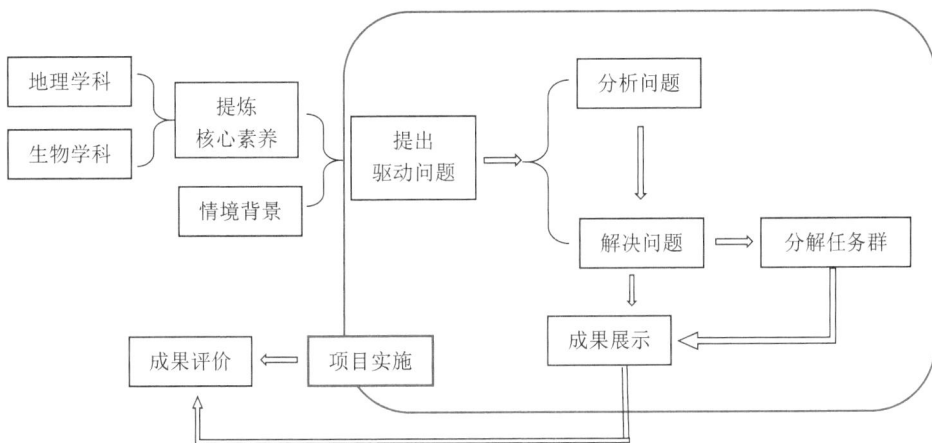

三、项目实施

（一）确定任务群

提供关于长江白鲟特征、生存环境及现状等方面的背景资料，学生自学，围绕"长江白鲟会回来吗？"的驱动性问题，联系自己的课内外知识，梳理思路，讨论填写KWH表，如表6-1所示。

表6-1　关于长江白鲟的KWH表

项目	我已知（Know）	我想知道（What）	我打算如何解决（How）
特征			
生存环境			
现状及将来推测			

汇总学生填表内容，引导学生分解先思考什么，后思考什么，并进一步分析明确这些问题之间的逻辑关系，设计相关的任务群。

（二）推进与实施

结合项目任务，学生自主参与项目学习过程。项目小组成员之间通过合作、交流、质疑、探究等多种方式，发现、提出问题，制订行动计划，尝试解决问题。在实施过程中，学生可以结合实际探究情况，进行方法、手段的调整、修正，直至最后达成目标。教师在需要时为学生提供学习支架、评价标准及自测量规，便于学生对照参考。

将学生分成6~8人的多元异质小组，尽可能设置男女生组合，根据不同学生情况（性别、性格、能力、特长等方面），确定每个小组内的分工，如组长、记录员、资料保管员等。通过团队日志呈现项目进程，并对过程进行组内、组间及教师等不同方面的监控，提升团队效率。

任务进行前对小组内不同分工成员进行培训，明确各自的主要任务和注意事项，便于后续调查的顺利进行，培养学生的自主探究、合作和组织管理能力。

1.任务一：考察长江芜湖段主要水生生物（含长江白鲟）

学生利用自己查找到的或教师提供的资料，获取长江芜湖段主要水生生物（种类、生存环境）的有效信息。结合调查目的，联系相关的概念、原理，指导学生讨论后，明确调查对象和范围，设计调查方案，把抽象的内容具体化。

教师组织学生在各类情境中（如芜湖滨江公园、渔民生活区、批发市场、菜市场、餐馆、家庭餐桌、相关管理部门等）收集、分析和综合信息。如果调查环境面积较大或生物种类较多，一个小组不能完成，那么可以把调查地点分成几个不同的区域，每个小组分别调查，最后进行汇总，避免重复调查。

在此过程中，可以利用信息技术手段，事先对考察实践场所进行观察了解，选择并设计好考察路线、考察点等，提高考察效率，并学习如何选择地图和运用地图工具解决实际问题，培养地理实践力。

对于实际情境中无法鉴定或达成调查目标的生物（如长江白鲟），可以通过上网、阅读、求助专家等方式查找资料、请教求证。

教师指导学生对调查到的内容进行简单的归类整理，分析生物与生物以及生物与环境之间的关系，填写考察记录表，如表6-2所示。

表6-2　长江芜湖段主要水生生物考察记录表

调查地点	生物名称	主要特征	相互关系	生存环境	现状

通过完成任务一，学生对长江芜湖段主要水生生物特征、生存环境及现状有了初步了解，在撰写食物链或食物网的过程中，明确了长江白鲟的主要食物来源，为后续任务提供了知识基础。同时，通过调查活动、查找资料、咨询专家等方式，学生的自主探究能力和社会实践能力也得到了很好的锻炼。

2.任务二：推测可能导致长江白鲟灭绝的原因

根据任务一汇总的资料，先组织学生分组讨论，从生态因素和地理因素两方面推测导致长江白鲟灭绝的原因，并分析理由，做好记录。然后各小组进行组间分享，阐述本组主要意见及依据，组间讨论后，在教师指导下达成一致意见并汇总，填写表格，分别从生物学视角和地理学视角，将结果分类展示，如表6-3所示。

表6-3　长江白鲟灭绝原因分析汇总

原因		本组意见	主要依据	证据来源	组间分享意见
生态因素	生物因素				
	非生物因素				
地理因素	自然环境				
	人类活动				

长江白鲟的灭绝，有生物原因，也有地理环境及人为原因，任务一已将生物原因基本分析清楚。通过任务二，学生在已获信息的基础上，进行筛选区分，并主要从地理环境和人为原因方面，进行假设推测，从而明确后续探究验证思路和目的任务。

通过完成此任务，学生在已有事实证据的基础上，进行独立思考和判断，多角度分析问题，提出自己的见解，整理分析资料、问题解决能力都得到了提高。

在讨论过程中，学生会接触多样的观点，并进行理性的审视；学习与不同类型的人沟通，尝试清晰并有逻辑地表达观点，同时选择他人能接受的友好方式。

3.任务三：调查长江芜湖段自然地理环境

各小组根据任务二分类展示的结果，从自然地理视角，选择其中本组最认可或感兴趣的部分，进行相关调查。根据实际选择情况，教师可以对各组的任务进行适当调整。

各组通过勘测、测量、试验、网络查找及向有关部门搜集资料等方法，调查长江芜湖段主要水文要素（水位、流量、含沙量、结冰期等），河道情况（河宽、水深等），气候特征（降水、蒸发、气温、湿度、风等），以及常见相关自然灾害。在调查基础上，分析提炼与长江白鲟灭绝相关的因素。

教师指导学生对调查的内容进行归类整理，填写考察记录表，如表6-4所示。

表6-4　长江芜湖段自然地理环境考察记录表

调查内容	调查途径(地点)	调查方法	主要结论
与白鲟灭绝相关的因素			

此任务中涉及的调查内容，学生只在课堂上学习过一部分原理及结论，对于调查勘测方法则没有接触过。所以，在调查过程中，教师需提供如下学习支架：收集哪些方面的信息，如何甄别不同信息的价值，到哪里去收集信息并且在何时何地利用它们，如何将这些信息用直观的方式呈现出来。由于任务专业性较强，活动过程会邀请安徽师范大学地理专业相关专家进行理论和实践指导，也会制作一些针对性的微课程，方便学生实践时随时观看学习。

这一任务的重要价值之一体现在学生地理实践力的培养上，地理实践力是地理学科的核心素养之一，是学生人地协调观与综合思维能力在地理实践活动中的综合体现。在活动过程中，学生把日常生活中遇到的实际问题和地理知识联系起来，在增强学生地理学习兴趣的同时，也培养了学生运用地理视角来审视、分析、解决问题的能力，并从中树立正确的地理观，最终促进学生地理核心素养的形成与发展。

4.任务四：调查长江芜湖段人文地理环境

各小组根据任务二分类展示的结果，从人文地理视角，选择其中本组最认可或感兴趣的部分，进行相关调查。根据实际选择情况，教师可以对各组的任务进行适当调整。

各组通过调查、走访、网络查找及向有关部门搜集资料等方法，主要调查长江芜湖段人类活动（水利、水土保持措施、土地利用、建筑物、工农业用水等），社会经济状况（主要开发方式及存在的环境问题）等，在调查基础上，分析提炼与长江白鲟灭绝相关的因素。

由于长江白鲟灭绝原因涉及长江各河段，所以在完成本组调查主要任务后，教师应组织学生通过不同途径，了解其他河段存在的相关问题。

本环节要重点引导学生分析在长江白鲟灭绝过程中起主要作用的人类活动因素，以及相关活动对自然环境产生的重大影响。

教师指导学生对调查的内容进行归类整理，填写考察记录表，如表6-5所示。

表6-5 长江芜湖段人文地理环境考察记录表

调查内容	调查途径（地点）	调查方法	主要结论
与白鲟灭绝相关的因素	芜湖河段：		
	其他河段：		
人类活动和自然环境的关系			

这一任务的最重要价值在于引导学生关注人地关系。在调查分析过程中，学生将深刻体会到人类活动和自然环境之间的关系，包括人对地和地对人，并自然而然地引发思考："怎样做才是协调的?"从而树立地理学最基本也是最核心的价值观：人地协调观。

本组活动的另一个重要价值是培养学生的社会调研能力。学生大部分时间在学校学习，知识来源主要是书本，但是"读万卷书，行万里路"，价值观的真正确立与深化来源于生活，同时社会调查也是学生了解社会、贴近生活、增强社会适应能力的良好途径。

任务一、任务三、任务四中，涉及的资源种类和内容繁杂，学生选择起来工作量很大，教师也不可能给予所有学生及时的一对一的指导。针对这一问题，教师可以事先进行资料的甄别筛选，将学生需要的文本、图片、视频、网站等资源汇总，建立简单的小型资源库，供学生需要时自主查阅、下载，降低任务难度，节约任务完成时间。学生有合适的资源时，也可以自主上传补充。

5.任务五：主题辩论会

学生汇总任务二、任务三的各方面资料及结论，准备以"长江白鲟会回来吗?"为主题举办辩论会。

教师可以采取以下步骤组织活动：

（1）展示情境。

（2）学生根据所得资料，个人或小组观点选择支持正方或反方。

（3）材料的整理和整合。整合的过程事实上是一个交流、熟悉、掌握材料的过程，通过整合把各组同学手头零散的材料转变为整个辩论队的材料。整合的过程还是一个梳理思路的过程，掌握的材料越丰富，论辩思路会越开阔；材料分析越细致，论辩思路会越清晰。因此，要对材料进行分类，厘清是对方的还是本方的，是进攻的还是防守的，是直接的还是间接的，是事实的还是理论的，是重点的还是一般的。然后进行材料的分配，哪些材料由哪位辩手使用。

（4）选择辩手，准备辩词及大纲。具体要求是：要紧紧围绕辩题，要有明确、清楚的层次，要重点突出，要做到首尾呼应、逻辑严密。

（5）组织学生学习辩论主要环节和注意事项。

（6）学生辩论主要环节：立论及补充——双方攻辩——自由辩论——总结陈词。

辩论会结束后，教师组织学生总结各方观点，评价并打分，选出优胜队伍。同时，对整个项目的内容进行回顾、反思。

辩论是一个开放的活动，对应本项目的开放性主题——"长江白鲟能回来吗？"在辩论会的组织和实施过程中，参加辩论的学生需要对项目核心问题、调研所得内容和问题解决思路进行梳理，过程中实现知、行、思合一。辩论活动同时还是一个表现型任务，学生除了要学习口头表达能力，还需要运用眼神、手势等肢体语言，增强自己的表现力，达到预期效果。作为观众的学生则要学习倾听、辨别、获取信息，尝试站在不同视角思考问题，同时评估听到的内容，学习团队合作。

辩论过程可以进行录像，或利用网络直播等形式，提供给学生后续的复盘反思，没有参与辩论现场的同学或家长也可以观看，提出自己的意见和看法，扩大活动参与面及影响力。

（三）成果展示

1.个人成果

给长江白鲟画一幅"肖像"。用生活化的语言，选择一至两个视角，写一篇生活在长江芜湖段白鲟的自述，500字左右；或绘制一幅长江白鲟相关知识的思维导图。

可选角度：白鲟的特征，适合的生活环境，周边环境的变化和对长江白鲟生存状态的影响，长江白鲟的心愿等。

2.团队成果

利用家长会、放学前的时间、班会的空闲时间等，在学校（如教室、操场、走廊等空旷一点的地方）举办一个项目成果展，由参加项目的学生代表向同学和老师、家长用口头或书面等形式报告自己的实践过程和项目研究成果，并展示优秀个人成果，小组制作的海报，宣传册等，同时可以利用网络媒体推广实践成果。

撰写一份给有关部门的建议书，结合项目研究过程及成果，对长江芜湖段存在的环境及生态问题拟订保护计划，并提出团队的合理改进建议。

3.拓展成果："白鱀豚会成为下一个长江白鲟吗？"

背景资料：白鱀豚，食肉动物，由陆生动物进化而来，是世界上所有鲸类中数量最为稀少的一种，生活在中国长江中下游及与其连通的洞庭湖、鄱阳湖、钱塘江等水域中，由于它保留了祖先的原始形态，是比大熊猫还要古老的"活化石"。在2000—2004年的几次观测中，它主要分布于长江洪湖段、九江段和铜陵段三个区域，最后一次发现白鱀豚的确凿记录，是2004年8月在南京江段搁浅的一具尸体。目前，由于暂未确认它的灭绝，所以被认定为"极危"状态。2017年，国内考察队在芜湖段拍摄到了2头疑似白鱀豚的生物，由于图像不清晰，无法百分之百确定。从近年来的观测来看，长江安徽段是最有可能发现白鱀豚的水域，尤其是芜湖段，当地的十里江湾已然成为鱼群的天堂。

结合长江白鲟项目实施过程及结论，以"白鱀豚会成为下一个长江白鲟吗？"为题，运用本主题活动中学到的方法、手段等，进行一个个人成果或团队成果的设计。设计要求围绕拓展主题，重点突出，论据充分清晰，结论开放，形式不限。

四、项目评价

以项目学习目标为依据，以核心素养的发展水平为标准，实现目标—实践—成果—评价的一致性。过程性评价主要考查学生的认知策略和实践，结果性评价主要考查学生最终的学习成果。针对不同的学习内容，开发多种基于核心素养的评价量规；同时，采用多种评价方法，如自我反思、档案袋、真实性评价、同伴互评、家长点评、教师点评等，实现评价内容与评价方式的多元化。

评价伴随整个学习过程，利用评价引导学生学习的方向，引发更深层次的学习和理解，最终指向素养的发展。对探究过程的评价量规，如表6-6所示。

表6-6 探究过程的评价量规

你在完成这个项目的过程中是否进行了仔细的研究？是否对数据和资料进行了分析和解释？请给自己在下列维度上打分,5分表示最高分,1分表示在这个问题上还有待努力
1. 在规定的时间里,我充分地研究了这个主题
2. 我的研究步骤是很清晰的
3. 我和我的伙伴共同探讨制订了研究的方案
4. 我能运用多种检索方式查找信息
5. 我现在的研究成果是基于多种信息来源的
6. 我通过采访相关人员获得了一手信息
7. 我对我所收集的信息的可靠性进行了筛选
8. 我觉得我收集的信息是可以作为证据支撑我的观点的
9. 我对我收集的信息进行了合理的组织和总结
10. 我用适合的图表将我收集到的信息进行了整理和呈现
总体来说,我给自己的成果打分是＿＿＿＿＿＿＿＿
学生签名: 教师签名:
一旦你签了名,表明你对自己的评价是公正而客观的,是诚实而准确的。教师在评价你的表现后也会签上她/他的名字

可以将学生在活动过程中的表现量规提供给学生，让学生进行同伴评价，如表6-7所示。

表6-7　同伴评价建议表

1. 在进行评价前,请放下成见,从作者的角度仔细观察和审视成果
2. 根据量规,对成果中值得肯定和提出建议的点进行记录
3. 尽可能寻找成果中的优点,并将这些优点作为和同伴谈话的开始
4. 尽可能用积极的语言来表达其中不尽如人意的地方,如"我很喜欢这个作品中的……""如果……能够……调整,那就更好了。"
5. 不管是表扬还是建议,都应该非常具体
6. 评价尽量简洁,一般控制在6~10句话
7. 将你的评价书面化,可以寻求教师的帮助,以修饰相关的表达,然后与同伴分享你的评价
8. 永远不要与你的同伴就评价进行争吵。允许同伴对你的评价进行评议,如果有重要的分歧点,应该寻求教师的帮忙

对成果的评价量规，如表6-8所示。

表6-8　项目学习成果评价量规

相关背景知识的掌握程度:完全掌握这一主题的相关知识和引发这一现象的各种原因
成果设计:覆盖并精心选择核心内容,直接指向核心问题的解答,包含必要的观点分析,所引用的材料或证据是有质量的;设计的作品美观,富有表现力;撰写的自述短文条理清晰,语言流畅,富有活力
教育价值:呈现的作品和信息能够让参观者体验到不同的多元视角;提出的计划和建议能够引发对这一主题的深入理解
影响力:能够吸引更多的人对这一项目的关注,报告者与听众进行了积极的语言或眼神交流,能够大方地、有重点地、有条理地回答问题;运用了多媒体或其他形象的方法增强报告效果
团队合作:呈现出团队合作的证据,所有的团队成员都参与成果提交及汇报过程

教师也可以引导学生对自己的成果进行分析评价，如表6-9所示。

表6-9 项目学习成果的自我评价

1.我的最终成果回答了老师一开始提出的核心问题了吗？我的核心观点是什么？

2.我在最终成果中给出内容要点了吗？内容要点是什么？

3.我的最终成果足够清晰,能够让别人理解吗？

4.我的最终成果代表了这段时间我在这个项目上形成的核心观点了吗？

（案例实施者：芜湖市第二十七中学 黄笑）

第二节 初中地理、生物学跨学科学习案例
——植物与地理环境各要素的相互关系

植物与环境是相互作用的关系。环境为植物的生长提供光照、水分、适宜的温度等所必需的条件，而植物的生长又会对环境产生影响，植物可以调节气候，植物的生长会影响土壤的结构和组成，植物还可以保持水土等。植物在生长过程中始终和周围环境进行着物质和能量的交换，因此环境影响着植物的分布，植物对环境也有指示和改造作用。

一、核心任务

开展调查和实验，分析植物与气候、地形、土壤之间的相互关系，全面认识植物对人类生存与发展的重要性，树立人与自然和谐共生的观念。

二、学习目标

开展户外调查，结合实例，说明气候、地形、土壤对植物生长的影响，初步形成从地理综合的视角看待和分析问题的能力。通过野外考察、地理实验认识植物对气候、地形、土壤的影响及指示作用，培养学生的探究能力和地理实践力。引导学生走进自然和社会大课堂，提高他们在真实环境下学习多学科知识并运用其解决问题的能力，养成在实践活动中探究与合作、勇于克服困难的品质。初步认识地理环境是人类生存的基础，人类活动深刻影响着地理环境，树立人与自然和谐共生的观念。认识生物与环境之间的关系，形成基本的生命观念。

三、活动过程设计

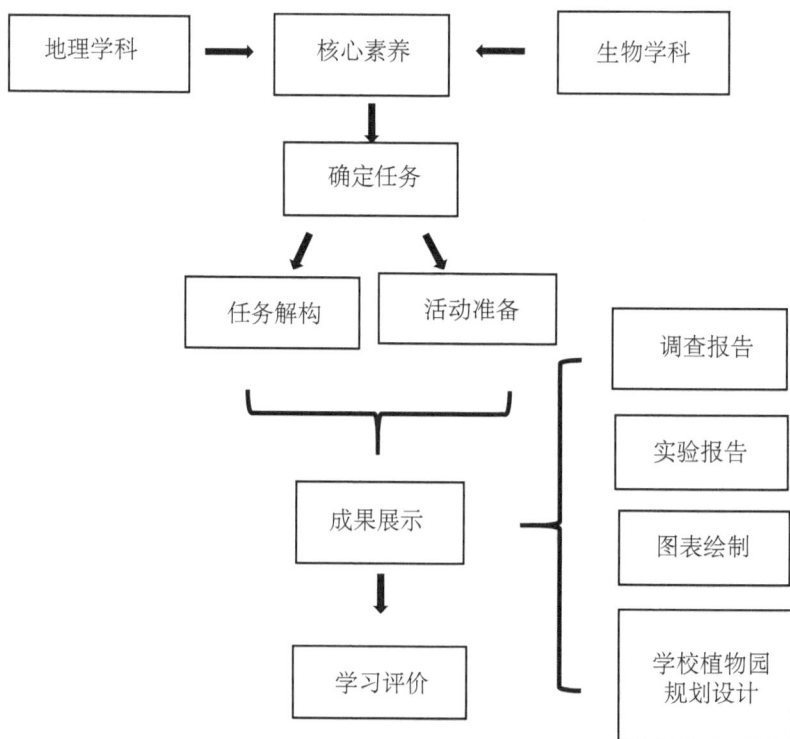

四、项目实施

(一) 任务一：探究植物与气候的相互关系

1.项目主题：气候对植物的影响

气候对植物的影响所涉及的学科包括地理和生物，其任务活动等，如表6-10所示。

表6-10 气候对植物的影响任务活动

任务解构	活动准备
学生调查水果店水果的名称、产地,填写《水果产地调查表》,查阅资料了解不同水果的生长环境。把调查的部分水果进行分类,思考这些水果主要分布在哪个温度带,分析气温对植物生长的影响	水果产地调查表 调查人：　　　　　班级： 调查地点： 调查时间：　　　　天气情况： | 名称	产地	生长环境 | |---|---|---| |　|　|　| |　|　|　| |　|　|　| |　|　|　| |　|　|　|
结合《新疆气温和降水变化图》归纳新疆的气候特征,结合"光合作用"和"呼吸作用"的概念分析新疆成为"瓜果之乡",水果种类多、品质好的原因	1.新疆气温和降水变化图 2.植物"光合作用"公式、概念 3.植物"呼吸作用"公式、概念
把不同的干湿地区与相应的自然景观进行匹配	中国干湿地区分布图

设计意图:

1.通过对水果店内水果品种和产地的调查,结合相关资料,了解热量条件决定植物的种类、生长量,热量条件的不同使自然植被呈现出由赤道向两极的地域分异规律

2.结合生物学中植物光合作用和呼吸作用的公式及概念,知道新疆光照充足,能促进植物的光合作用。在白天,气温越高,光合作用越强,合成的有机物就越多,到了晚上只进行呼吸作用,气温越低,呼吸作用就越弱,消耗的有机物就越少,这样一天中储存下来的有机物就越多,光合作用产生的有机物主要是碳水化合物,包括单糖、双糖、多糖。碳水化合物和营养物质沉淀多,果实更甜,品质更高

3.通过图片匹配练习,分析降水量的差异对植物生长的影响

2.项目主题：植物对气候的影响

植物对气候的影响所涉及的学科包括地理和生物学，其任务活动等，如表6-11所示。

表6-11　植物对气候的影响任务活动

任务解构	活动准备
利用温湿度计对芜湖雕塑公园和学校内的气温、湿度进行测量记录,两组同学分别在同一时间测量不同地点的气温、湿度,并做好记录	1.温湿度计 2.气温、湿度记录表 时间：　地点：　天气：　记录人： <table><tr><td>时间</td><td>气温/℃</td><td>湿度</td></tr><tr><td>6:00</td><td></td><td></td></tr><tr><td>7:00</td><td></td><td></td></tr><tr><td>8:00</td><td></td><td></td></tr><tr><td>9:00</td><td></td><td></td></tr><tr><td>10:00</td><td></td><td></td></tr><tr><td>11:00</td><td></td><td></td></tr><tr><td>12:00</td><td></td><td></td></tr><tr><td>13:00</td><td></td><td></td></tr><tr><td>14:00</td><td></td><td></td></tr><tr><td>16:00</td><td></td><td></td></tr></table>

任务解构	活动准备
根据测量结果,绘制"气温变化图"	两地气温变化表 {表}
根据测量结果对两地的湿度进行对比	两地空气湿度变化表 {表}

两地气温变化表

时间	学校气温/℃	雕塑公园气温/℃
6:00	12	10
8:00	16	12
10:00	19	15
12:00	22	17
14:00	25	21
16:00	23	19

两地空气湿度变化表

时间	学校空气湿度	雕塑公园空气湿度
6:00	78	83
8:00	74	80
10:00	62	76
12:00	50	64
14:00	40	50
16:00	32	40

设计意图:通过野外测量、绘图等活动提高了解植被可以降低气温日较差、增加大气湿度,从而起到调节局地气候的作用

(二)任务二：探究植物与地形的相互关系

项目主题：植物与地形的相互关系

植物与地形的相互关系所涉及的学科包括地理和生物学,其任务活动等,如表6-12所示。

表6-12　植物与地形的相互关系任务活动

任务解构	活动准备
地形对植物的影响:根据海拔分析横断山区植被的垂直分布	横断山区植被垂直变化示意图
植被对地形的影响 1.通过视频,了解植被加快岩石的风化过程 2.模拟"水土流失"实验,学生观察并思考:哪个容器先出水？流出的水质有什么区别？停止浇水后,出水状况有何不同	1.岩石生物风化过程视频 2.实验器材:水壶、透明大矿泉水瓶、泥土、植物、烧杯
设计意图: 1.通过分析横断山区不同海拔植被的差异,了解海拔不同,水热组合不同,山区植被呈现垂直分异的特征 2.通过观看岩石生物风化视频,了解植被可以加快岩石的风化过程,从而改变地表形态 3.学生通过模拟"水土流失"实验,了解植被具有"涵养水源、保持水土"的作用	

（三）任务三：探究植物与土壤的相互关系

项目主题：植物与土壤的相互关系

植物与土壤的相互关系所涉及的学科包括地理和生物学，其任务活动等，如表6-13所示。

表6-13 植物与土壤的相互关系任务活动

任务解构	活动准备
土壤对植物的影响 以皖南山区茶叶品质优良为例,了解红壤对茶树生长的影响	1.茶叶生长环境介绍 2.安徽省土壤类型 3.安徽省主要产茶区介绍
植物对土壤的影响 以"大豆固氮"为例,了解植物生长可以改变土壤的性质	"大豆固氮作用"视频
设计意图:通过资料收集和视频讲解,了解红壤对茶树生长的影响以及某些植物生长对土壤性质的改变	

(四) 任务四：校园植物园规划设计

项目主题：校园植物园规划设计

校园植物园规划设计所涉及的学科包括地理和生物学，其任务活动等，如表6-14所示。

表6-14 校园植物园规划设计任务活动

任务解构	活动准备
1.确定植物园位置 2.设计植物园形态 3.确定植物品种	1.学生分组实地考察学校空地,寻找合适位置 2.绘制植物园设计图 3.考察城市绿化项目,查找相关资料,确定植物品种
设计意图:通过实地考察和资料分析,为校园规划设计一个植物园;提高学生的探究能力,培养合作精神	

五、学习评价

学习评价，如表6-15所示。

表6-15　学习评价表

评价指标	评价内容	得分(每项评分1～10分)			
		自我评价	同学互评	教师评价	总分
学习态度	积极参与各项活动,认真准备相关材料,在小组活动中和其他组员相互帮助、乐于合作,面对问题和挑战勇于探索				
技能方法	在活动中,发现、分析、解决问题的能力,在实地调查中的组织、表达能力				
成果展示	通过不同的方法展示活动成果,观点明确,总结到位				

（案例实施者：安徽师范大学附属外国语学校城东校区 狄倩）

第三节　初中生物学、地理跨学科学习案例
——大象的旅程：生物的多样性及其保护

亚洲象，是我国国家一级重点保护野生动物，也一直是保护管理工作者和研究学者重点关注的对象。2021年云南大象的北上南归之旅，让这些憨态可掬的亚洲象们进入大众视野，甚至掀起"萌象狂潮"。我国亚洲象保护成效显著，不仅数量稳定增长，而且种群食源充足，栖息地基本能满足亚洲象生存需求。我国野生亚洲象种群由20世纪80年代的100多头发展到现在的300多头，种群数量已经翻番。之所以愿意下大工夫来保护大象，是因为野生大象是当地生态链中的重要一环，也是关键物种，一旦它们消失，许多植物将丧失播种渠道，小型生物也无法在大象推倒的树木下生活。因此，保护大象也是保护当地的生物多样性。

一、项目任务

通过本次深度学习项目，学生可以掌握生物分类的方法，并对校园中常见的植物类群进行分类；认识生物多样性的内涵，开发本地资源，拟定保护生物多样性的方案。其所需课时为3课时。

二、整合的学科

本项目的学习整合了生物学、地理、信息技术，如表6-16所示。

表6-16　整合的学科及任务

学科	学科任务
生物学	运用生物多样性的概念拟定保护生物多样性的方案
地理	调查西双版纳自然保护区、甘肃沙漠和芜湖地区的气候和植被特征
信息技术	使用百度地图，截屏保存

三、跨学科概念

生物的多样性、生物与环境、自然环境、认识家乡。

四、教学背景

生物的多样性是《义务教育生物学课程标准（2022年版）》中第二个一级主题。该部分的核心概念为：生物可以分为不同的类群，保护生物的多样性具有重要意义。2.4中呈现的生物学次级概念是：我国拥有丰富的动植物资源，保护生物的多样性是每个人应有的责任。根据义务教育阶段的培养目标，选择"生物学与社会·跨学科实践"为课程内容之一。概念的形成过程是循序渐进的，与其他学科紧密联系。学生在建构概念中不可避免地会遇到困难，易出现知识的片面化理解。教师选择恰当的案例，把生物学概念与相关学科知识融合起来，增加知识的趣味性和延展性，呈现概念体系的逻辑性和严谨性，帮助学生系统学习。

人教版的生物学与地理教材中，交叉知识点有近30处，其中集中体现在生物与环境、气候与植物分布及生长、生态环境保护等几大方面，知识上具有较强的针对性，但分布上存在分散性、时间段错开等特点。

首先，挖掘学科教材。在设计"大象的旅程"这节课时，将我国亚洲象北迁事件贯穿其中，从起点出发到途经橡胶林、农田、河流直至返回栖息地。指导学生使用百度地图、分析资料后确定西双版纳自然保护区的地理位置、气候特点和植被类型。通过认识自然保护区的动植物的丰富度和珍稀动植物资源，形成西双版纳热量丰富，终年温暖，四季常青，湿润多雨，所以森林繁茂密集，植物繁多的认知。西双版纳有占全国1/4的动物和1/6的植物，是名副其实的"动物王国"和"植物王国"。我国幅员辽阔、地形复杂，多样的环境和多样的生物组成了生态系统的多样性，这和地形、气候知识紧密联系。利用百度地图搜索"甘肃沙漠"，学生从视觉上能直观感受沙漠生态系统和热带雨林生态系统植被量的巨大差距。以典型的热带雨林植物和沙漠植物的叶型为学习切入点，引导学生认识到生态因素会影响植物的类型和分布。

其次，教学目标上进行学科融合。在学习本节课时，设置以下教学目标：通过认识我国生物多样性现状，培养学生的民族自豪感，增强学生的环境保护意识以及人与自然和谐发展的意识；相关的植被知识（生物学）、水土流失与保持的现状（地理）等来自两个学科的教材。学生在活动课中巩固所学知识的同时，提升了情感认知。另外，引导学生学以致用，帮助学生构建人地和谐、合理处理人与生物圈关系等观念。

在学习的过程中离不开信息技术的支持。

五、学情分析

知识分析：八年级的学生经过七年级系统的生物学和地理学科的学习，已具备"生态系统"和"气候特征、植被类型"等学科概念知识。对于生物多样性这一概念，学生们在生活中会接触到，只不过他们可能会认为生物的多样性仅仅指生物种类的多样性。

能力分析：学科融合案例的学习机会不多，我校"STEM"教学模式已推广三年，学生已熟悉学科融合的教学流程，对资料分析方法已经比较熟悉，能够通过分析资料，建构生物的多样性的概念，完成概念图的绘制。这个阶段的学生求知欲旺盛，思维活跃发散，具备良好的思辨基础，适当引导即可激发潜能。

六、学习目标

（1）通过对西双版纳境内的珍稀动植物资源进行分类，对我国生物的多样性和独特性有初步的认识。

（2）从"大象的旅程"中领会生物多样性的含义，列举生物多样性的三个层次，并能概述它们之间的关系。

（3）调查本地生物多样性的现状，拟定保护生物多样性的方案。

七、教学思路与策略

（一）教学思路

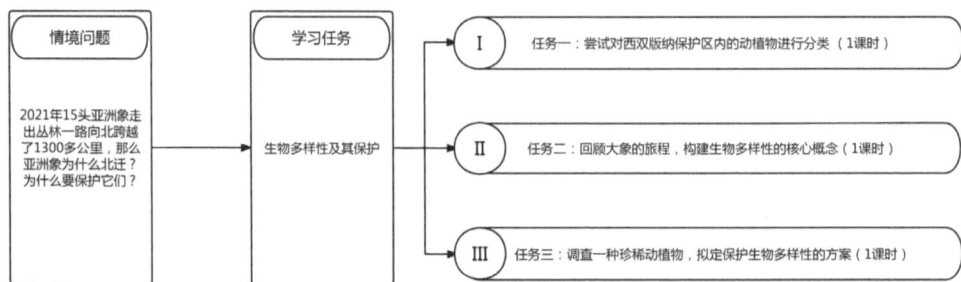

（二）教学策略

1.基于真实情境的项目化学习策略

设计"大象的旅程"的真实情境，将问题前置，以结果为导向，学生在一段时间内通过对连续的、真实的、有挑战的问题进行持续探究，达到核心知识的再建构和思维迁移。

2.智慧课堂"云互动"

基于智慧课堂全程跟踪探究活动，及时推送学习任务单，对学生当堂问卷调查的数据收集、反思研讨过程在线及时处理反馈，发布个性化的批注讲解，确保任务完成的针对性。

3.问题串策略

通过设计一个个前后有逻辑关系和递进关系的问题来启发学生，引导学生逐步深入学习，推进任务的达成。

八、教学流程

基于上述教学思路和教学策略，本课教学流程，如图6-1所示。

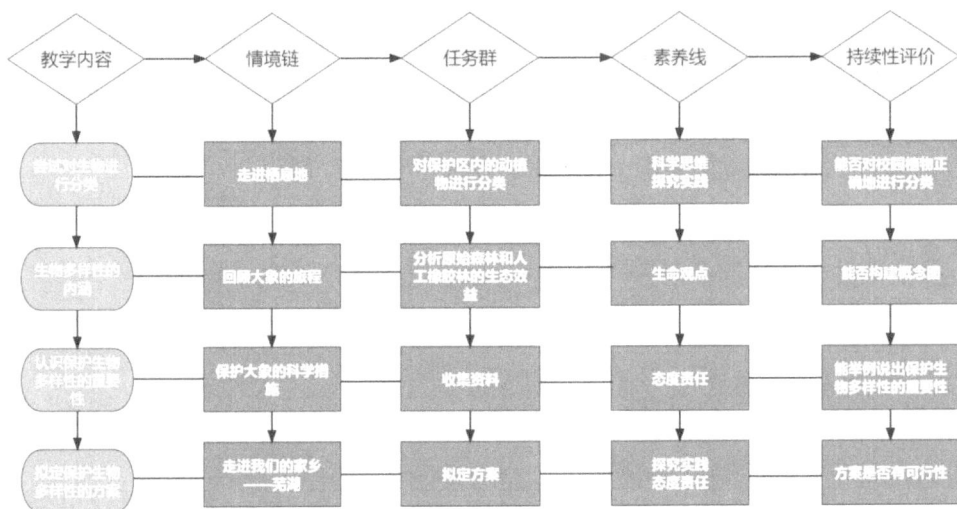

图6-1 教学流程

设置问题情境：2021年，十几头原本生活在我国云南西双版纳的亚洲象走出丛林，一路向北，不仅在全国掀起了全民观象的热潮，也在全球范围内引起了广泛关注。大象保护计划特别顾问约翰·斯坎伦先生发表了关于大象北迁事件的动态，很快这一动态被联合国《生物多样性公约》转发。引起国内外强势围观的亚洲象群一下子成了国际"网红"。大象的栖息地保护情况如何？为什么要保护大象？大象为什么会北迁？

（一）任务一：尝试对西双版纳自然保护区内的生物进行分类

1.活动一：查阅资料后对西双版纳自然保护区内动物、植物进行分类

登录网站（https://www.inaturalist.org/projects/biodiversity-of-xtbg），查阅如表6-17所示生物的分类地位、分类特征、进化地位和生态效益，尝试对其进行分类，完成智慧课堂中的知识探究。

表6-17　西双版纳保护区内的植物和动物

植物	动物
珙桐	棕背树蜥
杪椤	暹罗隐带螺
水棉	斑腿泛树蛙
墙藓	绿孔雀
普陀鹅耳枥	亚洲象
黑节草	红珠凤蝶
	红尾鱼

2.活动二：学生汇报区别亚洲象和非洲象的小知识

亚洲象与非洲象的比较，如图6-2所示。

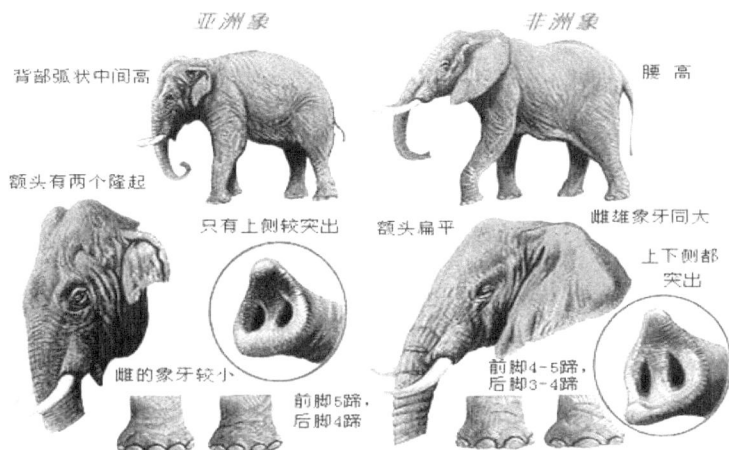

图6-2 亚洲象和非洲象的比较

3.活动三：展示实物，认识校园中生物多样性

学生在调查校园中的植物后，记录几大主要分类特征，选择1~2种在课堂上分享，如表6-18所示。有些栽培植物，如仙人掌和棕榈是来自其他环境的非本土物种。

表6-18 校园生物多样性调查表

姓名： 调查时间：

序号	物种名称	生活环境	所属类群	分类特征
1				
2				
3				
4				
5				

设计意图：通过西双版纳植物园的生物多样性，让学生感受到热带雨林的动植物资料是极其丰富的，并引导找到生物的不同特征进行初步分类，如哺乳纲的亚洲象和非洲象，它们外形十分相似，却属于2个物种。学生通过对比分析认识到生物分类的等级高低之分，达到学以致用的目的。

（二）任务二：设置"大象的旅途"真实情境，建构生物多样性的概念

建构生物多样性概念的建构，如图6-3所示。

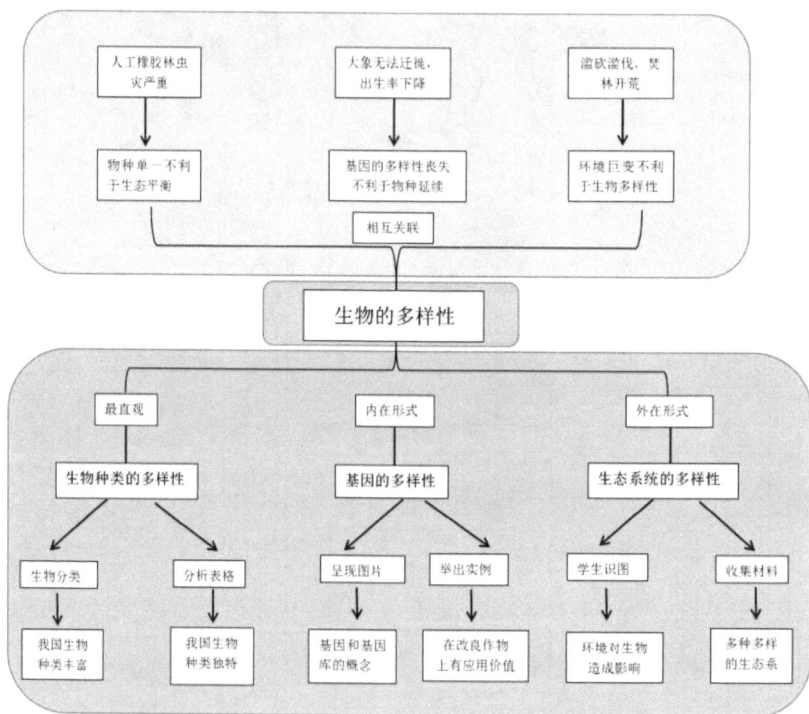

图6-3 "生物的多样性"建构流程图

1.场景一：象群的出发

象群在黄昏出发，在头象的带领下，它们离开了世代生息的森林。

（1）活动1：使用百度地图和气候地图，初步感知生态系统的多样性。利用百度地图查找西双版纳自然保护区，截图保存。查阅教师推送资料，找出该自然保护区的位置、气候和植被特征。再次使用百度地图查找甘肃沙漠，截图保存，进行对比，初步感知两个地区的生态因素不同导致植被分布的不同。

问题1：生态系统的多样性和生物种类的多样性之间有什么关系？对比西双版纳热带雨林生态系统和甘肃地区的沙漠生态系统。生物生活在一定的环境中，环境中的各种生态因素会影响生物的生活和分

布，如降雨量、温度等非生物因素对植物的分布就有很大的影响。生态系统中生态因素，决定了植物的丰富程度。

学生回答：在生态系统中，植物扮演着生产者的角色，养活其他的生物，包括动物和微生物。植物越丰富，生活在其中的动物越丰富，微生物也越丰富。综合而言，生态系统的多样性影响了生物种类的多样性。因此，乱砍滥伐、焚林开荒可能会导致生态失衡，使得生活在其中的物种面临灭绝的风险。

教师总结：不同的生物需要生活在不同的环境中。我国幅员辽阔，海陆兼备，不同地区之间的环境差别很大，生活在不同环境中的生物种类也千差万别。多样的生物以及多样的环境组成了多样的生态系统。

（2）活动2：教师指导学生分析《中国生物多样性国情研究报告》中的数据，感受我国的生物种类不仅丰富而且独特。

问题2：亚洲象的栖息地西双版纳国家级自然保护区总面积约24.25万公顷，仅为我国国土面积的0.025%，但保护区生物种类不仅丰富而且独特。那么西双版纳国家级自然保护区有多少种植物，又有多少种动物呢？

2. 场景2：象群踏出原始森林的边界

树木越来越稀疏，种类越来越单一，象群走过橡树林，每一棵树的高矮和年龄都是一样的，这不是森林。

问题3：当热带雨林被广泛地种植橡胶林，病虫害频发，这是单一人工林的"通病"。橡胶树叶螨能危害多种植物，对人类健康构成巨大威胁。2004年，云南省橡胶叶螨病大面积流行，发病面积达34.5万公顷，病情严重，造成的经济损失难以估计。结合我们学过的生态系统内容以及课前学习资料2，想一想：为什么树种单一的人工林比天然林容易发生严重的虫害呢？

学生回答：与天然林相比，人工林树种单一，生物种类的多样性远远低于天然林，难以形成复杂的食物链和食物网，从而缺乏制约害虫大量繁殖的因素。

总结：在生态系统中，各种生物之间都是相互依存、相互制约的。生态系统的结构越复杂，自动调节能力就越强。

活动3：展开讨论，举出实例，说明基因多样性的应用。设置以下问题串：①亚洲象和非洲象的不同是由什么决定的？②抗萎黄病大豆就是利用基因多样性改良作物品种的例子。我国的这种野生大豆有什么优点？为什么会具有这种优点？③我国也有很多利用基因多样性改良作物品种的例子，你知道吗？④基因多样性的降低有什么危害？（展示资料：大象近亲繁殖的危害）

3.场景三：头象调转方向，引领象群走上归家的道路

经过漫长的旅程，象群终于平安回家了。青山绿水之间，亚洲象一路逛一路吃，人类紧随其后，人与自然共生，向世界展示了我国生态文明建设的行动。（播放视频，展示地图）终于，在离家4个月，跨越了1300公里后，在第十个世界大象日当天，15头野生亚洲象成功跨越沅江，平安返回了栖息地。象群的安全回归，充分展示了社会各界对于保护生物多样性的决心。

活动4：构建生物多样性的概念图，如图6-4所示，完成后拍照分享。

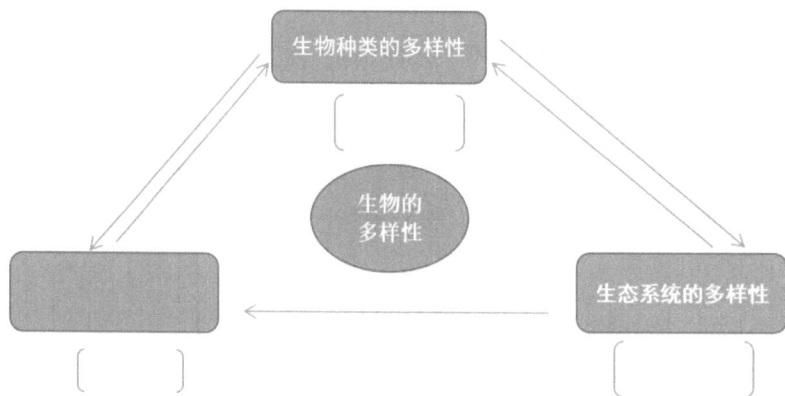

注：横线和大括号中可填 基因的多样性、决定、实质、环境、影响、最直接形式、内在形式、外在形式、根本措施等

图6-4 生物多样性概念图

师生共同总结：生物多样性的三个层次，由微观到宏观依次是基

因的多样性、生物种类的多样性、生态系统的多样性。生物种类的多样性是生物多样性最直观的体现，是生物多样性概念的中心。从组成上看，多样的生物以及多样的环境，组成了多样的生态系统。在生态系统中，生物种类越丰富，生态系统的自动调节能力越强，所以生物种类的多样性会影响生态系统的多样性。每一种生物都是一个丰富的基因库，伴随该物种的消失，基因库也会消失，所以生物种类的多样性会影响基因的多样性。基因的多样性是生物多样性的内在形式，生物种类的多样性的实质就是基因的多样性，生态系统的多样性是生物多样性的外在形式。如果生态系统发生剧烈变化，那么必然会导致生活在该环境当中生物种类多样性以及基因多样性的丧失，所以生态系统的多样性也会影响生物种类的多样性和基因的多样性。人作为这多样生态系统中一员，与环境密不可分，所以从宏观上进行统一保护，也就是保护栖息环境，保护生态系统的多样性。

设计意图：新课程标准强调通过从自然、生活到生物的认识过程，激发学生的求知欲，让学生领略自然现象中的美妙与和谐，培养学生终身的探索兴趣。本课用大象的旅程中三个真实场景，将"促进学生理解"始终贯穿在整个课堂中从这些感性素材中概括出生物概念，在层层递进的过程中，逐步丰富和建构对概念本质意义的理解。

（三）任务三：调查一种珍稀物种，拟定本地保护生物多样性的方案

（1）收集图文资料：亚洲象的科学保护措施以及象群北迁的可能原因。

（2）了解我们的家乡——芜湖。

（3）调查保护现状：选择一种珍稀物种以学习小组为单位进行调查。

（4）拟定保护生物多样性的方案。

（5）汇报方案。

学生方案："守护微笑——天使江豚"，如图6-5所示。

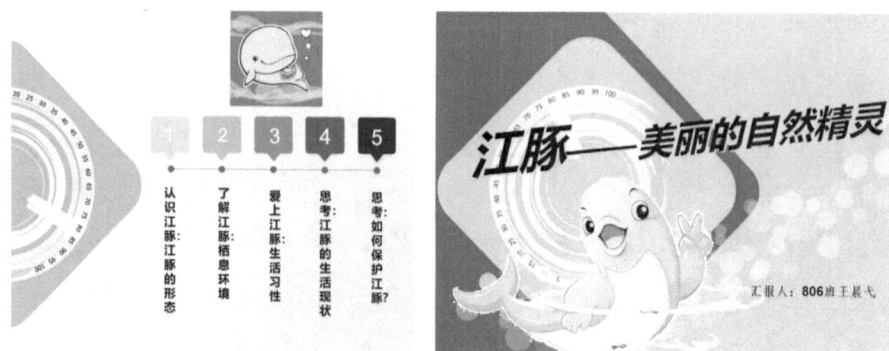

图6-5 守护微笑——天使江豚

设计意图：延续前面的学习任务，以"守护大象的旅程"和"拯救小象茉莉"为导入，激发学生强烈的情感冲突，类比迁移分析亚洲象北迁的可能原因。引导学生通过了解我们的家乡——芜湖的活动，选择一种珍稀的动植物，在调查后拟定保护生物多样性的方案。

九、项目学习评价

成果总结：_____

项目反思：_____

学习资源：平板电脑（可利用互联网操作百度地图、使用智慧教育平台），亚洲象北迁视频、西双版纳自然保护区简介。本项目的评价量规，如表6-20所示。

表6-20 "大象的旅程"活动评价量规

评价指标	评价等级		
	优秀	良好	待改进
调查生物多样性	利用识图软件记录常见物种超过10种	实地考察后记录粗糙,数据少	粗略估计校园中动物、植物
分析人工橡胶林的生态效益	阅读资料后,能举例说明	能大致说明,内容单调	无法提取信息

评价指标	评价等级		
	优秀	良好	待改进
生物多样性方案的可行性	翔实,有实地调查,方案可操作性强	较翔实,仅查阅资料,有一定的可行性	方案抄袭率高,缺少与中学生生活的联系
信息技术的使用	熟悉登录网站,使用百度地图、智慧课堂的互动功能	能使用,但在提交作业上效率低	无法使用网络,不能完成课堂互动

（案例实施者：安徽师范大学附属外国语学校城东校区　米丹丹）

第四节　初中地理、历史跨学科学习案例
——徽州民居中的环境"密码"

一、确定学习主题

跨学科主题学习可以采用的教学形式以项目学习为主。项目对于学生而言应该是有意义的真实情境，聚焦真实问题的发现和解决，体现鲜活的实践特征，培养学生的核心素养。

本项目以"徽州民居中的环境'密码'"作为学习主题，围绕徽州民居的分布、取材、位置、规模、外观、墙体、窗户、朝向、屋顶坡度、历史演变等特点，探究其与当地气候、地形、植被、水文等自然环境要素之间的相互关系，结合历史传统、文化背景等人文因素，以"徽州民居"这一地理事物为线索，引导学生学会发现问题、分析问题、解决问题。学生通过借助图书、文献、网络等资源进行资料查找、实地参观体验、小组合作探究、模型制作和校园展览等方式，深入思考传统民居和自然环境之间的关系，完成项目核心任务，形成项目学习成果。

本项目提供的地理和历史研究资源,既能为跨学科学习提供适合的内容支撑和实践支持,具备现实的可操作性,又具有鲜明的育人价值,即引导学生认识人类生产生活深受自然环境影响。使学生了解在漫长的历史进程中,人类形成与自然和谐共处的智慧,树立"人地和谐"的绿色发展理念,从而增强学生热爱家乡、热爱祖国的责任感,体现家国情怀。

二、制定学习目标

地理课程跨学科主题学习的立足点仍然是学生核心素养的培育,学生面对复杂的现实问题,需要整合其他学科的知识和方法,调用相关能力以解决问题或完成任务。在此过程中,学生探究能力、创新意识、实践能力等跨学科素养得以提升。本项目以地理、历史学科课程标准为指南,聚焦人类活动(传统民居)与地理环境的关系,制定学习目标。

(一)地理学科

1.核心素养

人地协调观、地理实践力、综合思维、区域认知。

2.课程标准

(1)运用地图和相关资料,说出某区域的地理位置和自然地理特征,说明自然条件对该区域经济社会发展的影响,认识因地制宜的重要性。

(2)进行野外考察或运用相关资料,说明自然环境与地方文化景观之间的关系。

(3)进行野外考察并利用图文资料,描述家乡典型的自然与人文地理事物和现象,归纳家乡地理环境的特点,举例说明其形成过程及原因。

(4)举例说明家乡环境及生产发展给当地居民生活带来的影响和

变化，并尝试用绿色发展理念，对家乡的发展规划提出合理建议，增强热爱家乡、建设家乡的意识。

（二）历史学科

1.核心素养

唯物史观、时空观念、史料实证、历史解释、家国情怀。

2.课程标准

（1）开展社会调查，通过实地考察和访谈，获取多方面信息，深入了解改革开放以来人们生活和社会的变化，形成调查报告，进行交流。

（2）开展口述史的学习活动。通过对家庭中的长辈进行访谈，搜集家庭老照片和老物件，查阅相关历史记载，形成口述史的材料集。

（3）搜集、整理世界古代史上著名建筑的图文、影视材料，以板报、电子报等形式展出。

（三）跨学科综合目标

（1）能够利用图书、网络等不同途径搜集信息，了解徽州民居分布、取材、位置、规模、外观、墙体、窗户、朝向、房顶坡度等特点，进行归纳整理，并根据搜集的信息选取合适的材料，制作民居模型。

（2）能够查阅资料，搜集与徽州民居相关的历史故事、民间传说和风俗等，尝试编写文本，口述徽州民居的历史演变，并录制视频进行成果展示。

（3）利用地图和相关资料，了解徽州民居所处地区气候、地形、水文、资源等自然地理环境特点，并分析其对徽州民居造型、结构等方面的影响，探究地理环境与人类活动的相互关系，树立人地协调的发展理念。

（4）通过实地参观芜湖古城、鸠兹古镇等，直观感受传统民居文化魅力，能够根据自己参观所见，绘制简单的古城（镇）景观平面图,拍摄景观照片并进行校园展览,提升团队协作、调查研究、语言表达等能力,在此基础上,能够顺利进行知识迁移,课后分组搜集其他传统民居相关案例,并制作宣传卡片,与其他学习成果共同展览。

三、教学设计

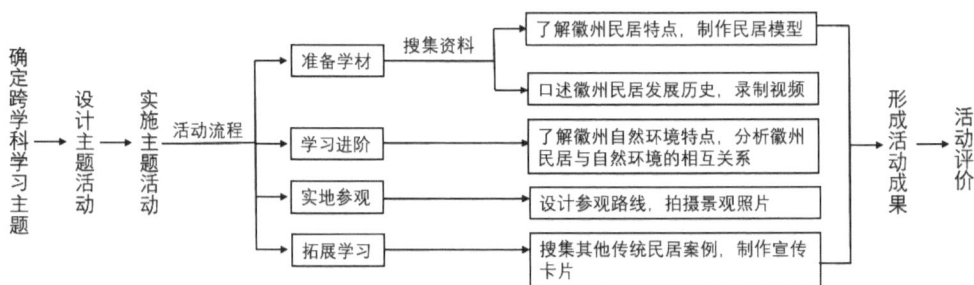

四、教学实施

(一) 设计项目驱动任务

在真实的项目情境中,首先需要确定项目驱动任务(核心任务),也就是学生需要在此项目中完成的任务。本项目的驱动任务为:利用图书、网络等资源搜集材料并归纳整理,了解徽州民居特点,选择合适材料制作徽州民居模型;利用图书、网络等资源搜集与徽州民居相关的历史故事、民间传说和风俗等,编写文本,录制口述徽州民居的历史演变的视频;利用地图和相关资料,了解徽州民居所处地区的自然环境特征,分析其对徽州民居的影响;实地参观芜湖古城、鸠兹古镇,根据自己参观所见,绘制简单的古城(镇)景观平面图,拍摄徽州民居景观照片;用学到的方法,课后分组搜集其他传统民居案例,制作宣传卡片,将项目成果(民居模型、景观照片、宣传卡片等)进行校园展览。

本项目主要确定了如图 6-6 所示的五项任务,各任务之间相互关联，形成了解决项目问题的任务群。

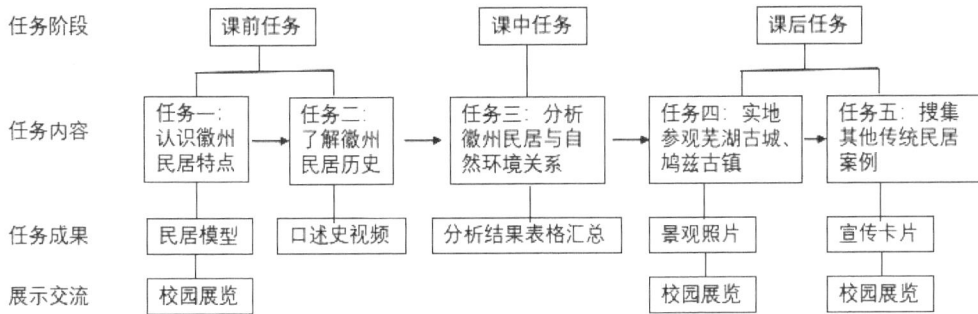

图6-6　任务群

在任务一和任务二中，学生要学会充分挖掘和利用网络资源、文献，通过网络、相关图书等获取必要的信息.这既是学生必备的技能，也是我们所处时代学习的一大特色，引导学生通过网络和文献进行信息查找、搜集、辨别、分析等，也是不同课程对学生核心素养培育的共同要求。通过以上两个前置任务，学生在充分了解徽州民居的特征以及历史发展的基础上，再去完成任务三课堂任务，分析当地自然环境与民居之间的联系，树立人地协调观。任务四是课后任务，是在知识储备完成以后去实地参观、感受传统民居的文化魅力，化抽象为直观，在此过程中学生能够根据自己参观所见，绘制简单的古城（镇）景观平面图，也是对实践能力的培养。任务五是拓展任务，学生利用徽州民居案例中学到的方法，去搜集其他传统民居与自然环境相互联系的案例，制作精美宣传卡片，同其他项目成果一起进行校园展览，这既是对中华优秀传统文化的弘扬，也是对学生项目学习成果的肯定。这五项任务层层递进，不断加深，使学生在解决问题的过程中发现任务之间的联系，有利于学生形成结构化的思维网络。

（二）项目实施与推进

项目实施与推进是活动的中心环节。活动可以采取小组合作的方式进行。学生在自主参与学习的过程中，通过合作、交流、质疑、探究等多种方式，从不同视角认识地理事物，参与多样化任务，尝试解决问题。在此过程中,教师可为学生搭建平台、提供活动完成评价量规以供学生对照参考,使项目顺利实施。

1.任务一:认识徽州民居的特点

将学生分成4~6人小组,组间合作完成任务。分组时考虑学生性别、性格、能力、特长等,尽量多元化分组,满足任务不同需求。

教师提供徽州民居相关特征的任务表格,学生利用图书、网络资源搜集有关徽州民居的分布、取材、位置、规模、外观、墙体、窗户、朝向、房顶坡度等特点,对所获得的信息进行辨别、整理、分析等,提取有效信息,完成表6-21。

表6-21 徽州民居特点

内容	特征描述	示意图
分布地区		(粘贴徽州民居主要分布的行政区划图)
房屋材料		(绘制徽州民居的简易设计图纸,为制作模型做准备)
房屋位置		
房屋规模		
房屋进深		
房屋外观		
房顶坡度		
房檐		
房屋墙体		
房屋窗户		
房屋朝向		
房屋特色		
备注	(你还有要补充的吗)	

通过完成任务一，学生对徽州民居的分布、造型、结构、布局等有初步的认识，在此基础上，绘制简易设计图纸。小组讨论制作民居模型需要的材料，模型大小，确定小组分工、制作步骤和注意事项，利用家里的废弃物品等制作徽州民居的简易模型，如卡纸、纸箱、纸盒、黏土、塑料、泡沫等。此过程既可以培养学生自主探究、团队合作、组织协调能力，又可以提高其动手能力，落实了地理实践力学科核心素养。

2. 任务二：了解徽州民居历史

学生通过多途径搜集材料，简单了解徽州民居的发展历史：徽州原是古越人的聚居地，与浙江余姚河姆渡新石器时代遗址相距很近，建筑自然是越人的"干栏式"。东汉末年、西晋末年、唐代末年和北宋末年，中原士族因战乱由北方大规模迁入，因此当地建筑受到北方"四合院"建筑形式的影响，二者结合逐步形成徽州民居独树一帜的建筑风格。通过对所搜集材料的整理、汇总、分析，逐渐形成徽州民居发展演变的历史，学生依托编写文本，口述这一历史过程，录制视频，完成任务二。在这个过程中，学生可以锻炼资料搜集信息提取、语言表达能力，体会在面对现实世界的现实问题时，需要将不同学科的知识、方法融会贯通。这正是开展跨学科主题学习的价值所在。

3. 任务三：分析徽州民居与自然环境的关系

通过任务一和任务二，学生对徽州民居的特点和历史演变有了初步的认识，在此基础上，阅读地图和相关资料，了解徽州民居主要分布地区的气候（气温、降水、光照、风向）、地形、土壤、植被、水文等自然环境特征。小组讨论徽州民居的特征与自然地理环境之间有没有关系？有什么样的关系？主要影响因素是什么？你能得出什么结论呢？据此完成表6-22，解锁徽州民居中蕴含的环境"密码"，总结影响传统民居特点的因素有哪些。教师提供徽州某地区气温曲线和降水量柱状图、地形图、河流分布图等相关地图和材料，为学生分析提供材料支撑，并通过设置有效的问题链，引导学生学会分析问题、解决问题。

表6-22 徽州民居与环境的相互关系

项目	特征	对应的徽州民居特征	历史背景
气候			
地形			
植被			
水文			
其他	（你还有要补充的吗）		
总结	（列举影响传统民居特点的因素有哪些）		

这项任务的一个重要价值在于引导学生思考、关注人地关系，体会人类活动深受自然环境的影响，树立人地协调观念。正如梁思成先生所说："建筑之始，产生于实际需要，受制于自然物理，非着意于创新形式，更无所谓派别。其结构之系统，及形式之派别，乃其材料环境所形成。"受传统文化影响，徽州民居尊重自然、敬畏自然，依山而建、顺水而行，巧妙地与自然环境融为一体，体现古代"天人合一"的朴素的人地协调观，也为我们的项目提供了真实而鲜活的情境背景。

4.任务四：实地参观芜湖古城、鸠兹古镇

完成了以上三个任务之后，学生对徽州民居已经有了较为具体的认识，也能明显感受到传统文化对徽州民居的影响，而跨学科学习的场所不应局限在校内。此时，教师可以带领学生走进社会，近距离亲身感受徽州民居，去验证课内学习的认识，去感受徽州民居的文化魅力，去体验"粉墙黛瓦马头墙，天井厢房夹正堂"的徽派建筑风采，将课内所学与生活链接。

此项任务注重锻炼学生实践能力，能够根据自己参观所见，绘制简单的古城（镇）景观平面图。同时注重培养学生的组织能力和团队意识。外出参观之前，应拟定《参观徽州民居活动计划表》，如表6-23所示。教师对学生进行培训，关注分组、分工、活动纪律、天气、交通、安全、摄影等问题。

表6-23　参观徽州民居活动计划表

一、活动目的
二、活动地点
三、活动时间
四、活动人员安排（分工） 组长： 组员：
五、活动路线安排
六、活动注意事项 （活动纪律、天气、交通、安全等）
七、活动内容 1."我会画"。根据实地参观所见,绘制简单的古城(鸠兹古镇)平面图 2."我会看"。关注古城(镇)民居哪些特征与课堂所学相符,将课内所学与身边的地理事物链接 3."我会拍"。拍摄古城(镇)民居的照片参加校园展览 4.我的收获:(<u>也可以对传统民居的保护建言献策</u>)　_____ _____ _____ _____。
八、活动小结

5.任务五：搜集其他传统民居案例

我国历史悠久，疆域辽阔，自然环境多种多样，社会经济环境亦不尽相同。在漫长的历史发展过程中，各地逐步形成了不同的民居建筑形式。正如徽州民居一样，这些传统的民居建筑都深深地打上了地理环境的烙印，生动地反映了人与自然的关系。根据我们学到的方法，每人搜集1~2例其他传统民居，找出其与自然环境和历史背景的相互关系，加以分析，并绘制成"宣传小卡片"参加校园展览。

在此任务中，教师可以给学生提供相关的案例参考，学生选择感兴趣的方向研究，如四合院、窑洞、木刻楞、土楼、吊脚楼、骑楼、竹楼、蒙古包、碉房、蚝宅等。广袤的自然环境，悠久的文化传承，为地理教学提供了丰富、有意义的素材，此项目的价值也在于挖掘这些素材内在的地理因素，发挥其育人价值抛砖引玉，培养学生的核心素养，为今后的跨学科学习提供参考。

（三）项目成果及展示

产品是项目学习的重要结果，指示着项目驱动任务的完成。本项目中，学生成果主要包括民居建筑模型、民居口述史小视频、民居摄影照片、民居宣传小卡片，产品的形式是多样的，学生在制作项目产品的过程中，需要调动的能力、知识、方法、技能、创意也是多样的。

教师需要为学生的成果展示搭建平台，如利用校园走廊、教室黑板、展览室、大屏幕、校刊等，为学生成果的展示提供空间，向学校师生、家长、社会宣传项目成果，肯定参加项目的同学的付出，激发学生开展跨学科学习的热情，体现地理学科的育人价值，培育学生的核心素养。

五、项目评价

实施跨学科主题学习，应遵循教育规律，不仅要关注学生获得的知识，也要关注学生在项目中对相关学科知识的运用、在活动过程中表现出的技能、在小组合作中表现出的才能，以及背后隐藏的情感、态度、价值观等，采用过程性评价和终结性评价相结合的方式，进行学生自评与互评、家长评价、教师评价等，多角度多元化评价学生在学习过程中的成长与变化。

　　评价方案要与教学目标相匹配，具有明确的评价标准，对要达成的目标进行分解，用以衡量学生的发展水平，据此来制订合适的评价量规，如表6-24所示。

表6-24　学生学习评价量规

评价项目	具体要求	评价等级			
		A 优秀	B 良好	C 合格	D 不合格
情感态度	我能积极参与项目活动				
	我能主动提出我的建议和设想				
	外出活动我能遵守规章纪律、具有时间观念和安全意识				
学习技能	我能用多种方式搜集信息				
	我能对搜集的信息进行筛选、整理和呈现				
	我能动手制作民居模型				
	我能录制视频并简单编辑				
	我能绘制地图				
	我能设计宣传卡片				
合作交流	我能认真倾听同学的观点和意见				
	我能和同伴共同商讨制作民居模型的材料、方法				
	我能和同学共同制订外出活动计划				
	我能对制作民居模型、宣传卡片等活动提出自己的创意				
成果展示	我能按时保质完成任务				
	我的作品有一定创意				

续 表

自我评价:	
	签名:
同伴评价:	
	签名:
老师对我的评价和激励:	
	签名:

对成果的评价量规，如表6-25所示。

表6-25 制作徽州民居模型评价量规

等级	等级1 （高于标准水平）	等级2 （标准水平）	等级3 （低于标准水平）
评价指标	小组分工明确,能协作完成作品设计,集体展示学习成果;能选择合适的材料制作模型,有较高环保意识;设计图纸、制作模型有详细过程记录,图纸比例合适,模型美观	小组有分工,欠缺合作,主动参与成果展示;选择的材料可以制作出模型,有一定的环保意识;设计图纸、制作模型过程比较随意,模型欠美观	小组分工不明确,欠缺合作意识,部分成员不愿意参与活动;选择现成的材料或直接购买模型;无设计图纸,无过程记录,模型比较粗糙
具体表现	按组员能力特长分工,任务明确;所选材料合适且环保易得;设计图纸比例合适,绘图整洁,标注房屋结构、名称、尺寸、颜色、材料;严格按图纸制作模型,模型美观牢固;展示时能详细介绍民居特点	分工明确,未过多考虑组员能力特长;所选材料比较合适;图纸设计较为合理,有尺寸标注;制作模型与图纸基本一致,比较美观牢固;展示作品时能简单介绍民居特点	分工不明,组员任务不清;所选材料直接购买或者不适合制作模型;设计图纸粗糙,比例不适合,没有标注;模型直接购买或者比较粗糙;展示作品时不能介绍民居特点

（课例实施者：芜湖市天民学校 黄艳妮）

主要参考文献

［1］BRUNER J.After John Dewey，What?［J］.Saturday Review，1961：76.

［2］GARDNER H.Changing Minds：The Art and Science of Changing Our Own Mind and Other People's Mind［M］.Boston，MA：Harvard Business School Press，2006.

［3］ROOT-BERNSTEIN R，ROOTBERNSTEIN M. Sparks of Genius：The Thirteen Thinking Tools of the World's Most Creative People［M］.New York：Houghton Mifflin，1999.

［4］WILLIAMSON B.The Future of the Curriculum: School Knowledge in the Digital Age［M］. Cambridge, MA: The MIT Press，2013：24.

[5]方凌雁.高中综合实践活动［M］.杭州：浙江科学技术出版社，2020：41-42.

[6]冯新瑞.再次审视综合实践活动课程的特性［J］.基础教育课程，2018（221）：26-30.

[7]胡久华，罗铖吉，王磊，等.在中学课堂中开展社会性科学议题教学的探索［J］.教育学报，2018，14（5）：47-54.

[8]胡庆芳.跨学科实践推进与教师能力发展［M］.上海：华东师范大学出版社，2021.

[9]刘小宝.跨学科研究前沿理论动态：学术背景和理论焦点［J］.浙江大学学报（人文社会科学版），2012，42（6）：16-26.

[10]秦瑾若，傅钢善.STEM教育：基于真实问题情景的跨学科式教育［J］.中国电化教育，2017（4）：67-74.

[11]吴志强.中学生物学跨学科项目式学习的理念、策略及原则［J］.中学生物教学，2023（9）：21-24.

[12]杨小丽,雷庆.跨学科发展及演变探讨[J].学位与研究生教育,2018(4):54-59.

[13]张华.跨学科学习:真义辨析与实践路径[J].中小学管理,2017(11):21-24.

[14]张华.论理解本位跨学科学习[J].基础教育课程,2018(238):7-13.

[15]赵卉,凌云霄.初中跨学科教学设计探索——以"小米粒中的大学问"为例[J].中学地理教学参考,2021(11上):49-52.

[16]中华人民共和国教育部.普通高中生物学课程标准(2017年版2020年修订)[M].北京:人民教育出版社,2020.

[17]中华人民共和国教育部.义务教育地理课程标准(2022年版)[M].北京:北京师范大学出版社,2022.

[18]中华人民共和国教育部.中小学综合实际活动课程指导纲要[M].北京:北京师范大学出版社,2017.